こころもおなかも
おいしく満たす

えりの 気分があがる

えり

おうち飲み

KADOKAWA

はじめに

この本を手に取っていただきありがとうございます。
ソムリエ、料理家のえりです。

幼少期の記憶は、いつもドレスやジュエリー、
リボンのついた女の子の絵を描いて楽しんでいました。
それと同時に、小学生のころに初めて作ったドーナツがおいし
くて、何より料理をすることが楽しいと思いはじめました。

ファッションや美しいものが好きで、社会人になってからは長
年アパレルの仕事をしていましたが、衣食住の中で「衣」が最
優先だった私が「食」を大事にするようになったのは、ここ10
年ほどのことです。
アパレル時代は外見が大事なので、今では言えないような食生
活もしてきましたし、極端なダイエットをしたこともあります
（でも食べるのは大好き！）。

しかし、年齢を重ねてだんだんと体の内側に目を向けることが
多くなりました。
着飾るものも大好きですが、「自分や家族の体に入るものにもっ
と責任を持ちたい」と思うようになったのは、夫の実家がみそ
蔵をしていて、発酵食のおいしさに出合ったからです。

学んだり実際に作ったりするうちに、おいしい！とのセットで
その向き合う時間が心のゆとりとなり、豊かな暮らしにつなが
ると感じました。

は
じ
め
に

そして、みそと同じように発酵から作られているワインと料理を合わせていただく時間の幸福感に魅了され、ソムリエの資格まで取得してしまいました。
今では、そんな料理とお酒をベースに、豊かな暮らしまで提案できたらいいなと思っています。

とはいえ、今の時代、皆さま本当にお忙しい！
じっくりと料理と向き合う時間をとるのは難しいはず。
それでも自分や家族をいたわることは大切。
忙しかった1日の終わりに、気負わず素敵な時間が送れたらきっと明日からまた頑張れるはず。

——少しのお酒とパパッと作れるおつまみで、
リラックスして満たされてほしい——

レシピだけではなく、この書籍にはそんな気持ちも込めました。

「今日はこのお料理だからこのお酒にしよう」
「今日はこのワインが飲みたいからこのおつまみ作ろうかな」
そんなふうにこの本を楽しんでいただけたらうれしいです。
（あ、飲みながらページをめくっていただくのもおすすめです笑）

私と料理とお酒

ワインが大好きです。

ワインといっても、醸造方法、品種、土地、
気候などのテロワールによって違いはあります。
しかし、そのワインの裏側を想像したり、
知ったりすることで不思議ともっとおいしくなるのです。
そんなワインのロマンが大好きです。

でもまだまだ日本では敷居が高いイメージ。
難しく考えずヨーロッパの人のようにもっと気楽に
自宅でワインを飲むことを楽しんでほしい。
こんなにも美しく幸せなお酒なのだから。
そんなワインのおいしさを知るきっかけの
お手伝いができたらいいな、と思っています。

普段は、飲みたいワインに合うおつまみで考えることもあれば、
食べたいおつまみに合わせてワインを選ぶこともあります。
食卓におつまみを数種類並べて、料理にぴったりのワインがあ
ればグラス1杯で気持ちよく1日を終えられます。
私にとってワインは、ちょっといい気分になれるお茶のような
もの（笑）。
そのぶん友人と一緒だったり外食のときはペアリングをしっか
り楽しみます！
メリハリ、がよりお酒をおいしくしてくれます。
夜は炭水化物はあまり摂らず、野菜のおつまみとお肉や魚介な
どタンパク質のおつまみをバランスよく合わせています。
あとはゆっくり楽しむこと。
ゆとりを感じたら満足度も上がります。

これが「私と料理とワイン」の時間。
皆さまも自分にとっての料理とワインの時間を見つけて楽しん
でください。

料理を引き立ててくれる器が大好きで、アンティークや洋食器
などをへて、今はもっぱら作家さんのものを大切に使っています。

推し作家さんは、宮城陶器の宮城正幸さん、岡さつきさん、船
串篤司さんなど。
和のお料理も洋のお料理も盛りつけられる器が好きです。
実は日本だけでなく、韓国にも推し作家さんがいます。

ひと皿ひと皿丁寧に作られた器たちは、
それぞれが違う表情を持ち、
どこか温もりが感じられ、心を優しくほぐしてくれます。

お仕事でお店のようなスタイリングで盛りつけをすることもあ
りますが、
自宅ではかしこまりすぎず、でも少しおしゃれに見えるような
盛りつけを意識しています。

おしゃれに見せる秘訣は "抜け感"。
例えば、「大きめのお皿に余白を残す」、反対に「小さめのお皿に
たっぷり盛ってバル風に」するのも素敵。

「お料理の高さを出す」というのも、皆さまが取り入れやすい
テクニックだと思います。
ソースやタレは上からかけてもいいですが、
具材などのお料理を見せたいときはソースを下に敷く、
というのも手軽にできるテクニックなので、
ぜひ試してみてください。

器について

CONTENTS

CHAPTER ⑥

おもてなし
にもなる
おしゃれレシピ

Nadia Collection とは

プロの料理家のおいしいレシピが集まるレシピサイト「Nadia」を舞台に、食で自己表現をするクリエイター「Nadia Artist（ナディアアーティスト）」を主役とした「Nadia」×「KADOKAWA」の書籍シリーズです。インターネットだけでなく、紙媒体である書籍でも食の情報をアウトプットすることで、Nadia Artistの新しい活躍の場を生み出していきます。

STAFF

制作協力／
葛城嘉紀、黒澤佳（Nadia株式会社）

撮影・スタイリング／えり

デザイン／
細山田光宣、奥山志乃（細山田事務所）

DTP／大島歌織

編集／上野真依

校正／一條正人

協力／カリフォルニア・レーズン協会
　　　一般社団法人Jミルク
　　　プロセッコDOC保護協会

本書の見方

レシピの見方や料理を作るうえでの注意点です。作りはじめる前に確認してください。

A 料理写真

パラパラめくって、純粋に「食べたいな」と思ったレシピから作るのもおすすめです。

B リード

料理の特徴を簡単に解説しています。味の想像がつかないときや、何を作るか悩んでいるときなどに、時間があればチェックしてください。

C MEMO

料理を失敗せずおいしく作るポイントなどを解説しています。できるだけ作りはじめる前にチェックしてください。

D Pairing

料理と合うお酒の組み合わせを紹介しています。もちろん別のお酒と合わせても問題ありませんが、何を飲むか悩んだときの参考にしてください。

E 工程写真

文章だけでは説明しにくい作り方は、写真つきで解説しています。

本書の注意点

- オーブンや電子レンジといった調理器具は、メーカーや商品によって異なります。本書に記載の加熱時間はあくまでも目安とし、様子を見ながら調節してください。
- 電子レンジは600Wを使用しています。500Wの場合は1.2倍、700Wの場合は0.8倍で計算し、様子を見ながら加熱時間を調節しましょう。電子レンジを使用する際は、必ず耐熱性のボウルを使用しましょう。

- 特に記載がない場合、しょうゆは濃口、みそは合わせみそを使用しています。
- 計量単位は大さじ1＝15㎖、小さじ1＝5㎖です。
- 食材で適宜と記載のものは、お好みで加えても加えなくても構わない食材です。
- 玉ねぎやにんじんといった一般的な野菜などの場合は、水で洗う、皮をむくといった基本的な処理を省略しています。

夕食にもなる
満足おつまみ

夕食のメインディッシュにもなる、肉や魚を使ったボリューム満点のおつまみで乾杯！ いつも食べている定番料理も、スパイスを効かせたり薬味をたっぷりのせたりすることで、普段とは一味違うお酒によく合うおつまみに仕上がります。

Pairing
マッコリ、スパイス系赤ワイン、ロゼワイン

韓国風鶏煮込みロゼチムタク

韓国の煮込み料理「チムタク」に、クリームソースとコチュジャンを合わせた
ロゼクリームを加え、まろやかでコクのある味わいに仕上げました。

| 材料 | 2〜3人分 |

| 鶏もも肉 ——— 200g |
| じゃがいも ——— 150g |
| 玉ねぎ ——— 80g |
| ニンニク ——— 1片 |

A
| 水 ——— 70㎖ |
| 生クリーム（乳脂肪分36%使用）——— 70㎖ |
| トマトケチャップ ——— 大さじ2 |
| みりん ——— 大さじ1と½ |
| コチュジャン ——— 大さじ½ |
| 塩 ——— 少々 |

EXバージンオリーブオイル ——— 大さじ1
パセリ ——— 適宜

Memo
生クリームの代わりに牛乳や豆乳を
使ってもOK。とろみが軽く、あっ
さりとした仕上がりに。

| 作り方 |

1 じゃがいもはひと口大、玉ねぎは2cm幅のくし形切り、ニンニクはみじん切りにする。鶏肉はペーパータオルで水分を拭き取り、ひと口大に切る。

2 鍋にオリーブオイルをひいて中火で熱し、鶏肉の皮目を下にして入れる。焼き色がついたら裏返し、ニンニクを加えて香りが立ったらじゃがいも、玉ねぎを入れて軽く炒める。

3 具材に油が回ったら火を弱めの中火に落とし、**A**を加えて軽く混ぜ、フタをして10分煮込む。

4 皿に盛り、お好みでみじん切りにしたパセリをふる。

ささみフライ　タルタルソース

淡白なささみで作ったフライとタルタルソースの相性が最高！
白ワインはもちろん、ビールやハイボールともよく合います。

| 材料 | 2～3人分 |

鶏ささみ肉	4本（270g）
卵	1個
塩麹	大さじ1
薄力粉	大さじ2
パン粉	大さじ4
A ゆで卵	1個
マヨネーズ	大さじ2
玉ねぎ（みじん切り）	大さじ2
塩	ひとつまみ
粗挽き黒こしょう	適量
EXバージンオリーブオイル	適量
レモン	適宜

| 下準備 |

ゆで卵はボウルに入れてフォークで
つぶし、残りの**A**を加えて混ぜる。

| 作り方 |

I　鶏ささみ肉は筋を取り、塩麹を
　　まぶして30分ほどおき、薄力粉、
　　溶き卵、パン粉の順につける。

2　フライパンに深さ1cmほどのオ
　　リーブオイルを入れて180度に
　　熱し、**I**を入れて両面にこんが
　　りと揚げ色がついたら取り出し、
　　油を切る。

3　皿に盛り、下準備で作っておい
　　たタルタルソースとレモンを添
　　える。

I

> **Pairing**
> ビール、ハイボール、白ワイン、
> ロゼワイン

柔らかジューシーチキンカツ

パサつきがちな鶏むね肉は、下味にマヨネーズを使えば、しっとり柔らかに。
パン粉に粉チーズを加えると、コクがプラスされワインのお供にぴったり。

| 材料 | 2〜3人分 |

鶏むね肉 ——————— 300g
　A
　　マヨネーズ ——————— 大さじ3
　　ニンニク（すりおろし）
　　　　　————————— 小さじ1
　　ショウガ（すりおろし）
　　　　　————————— 小さじ1
　　塩 ————————— ひとつまみ
　　粗挽き黒こしょう － 少々

パン粉 ———————— 50g
粉チーズ ——————— 大さじ2
EXバージンオリーブオイル — 適量
レモン ———————— 適宜

| 作り方 |

I　鶏肉は薄切りにし、**A**ととも
　　にボウルに入れて混ぜる。

2　バットにパン粉と粉チーズを
　　入れて混ぜ、**I**の鶏肉にしっ
　　かりまぶす。

3　フライパンに鶏肉が半分浸か
　　るほどのオリーブオイルを入
　　れて中火に熱し、**2**の鶏肉を
　　入れて全体がきつね色になっ
　　たら油を切り、お好みでレモ
　　ンを絞る。

Pairing
スパークリングワイン、
白ワイン、ロゼワイン、
軽めの赤ワイン

鶏むね肉のガーリックオイルソース

ガーリックオイルソースがビールともワインとも相性抜群！
むね肉は低温調理で作ることで、しっとりジューシーに仕上がります。

| 材料 | 2～3人分 |

鶏むね肉	400g
レモン汁	大さじ5
大葉	10枚
茗荷（みょうが）	2本
長ねぎ（白い部分）	10cm
ニンニク	1片
しょうゆ	大さじ2
白ワイン（酒でも可）	大さじ2
塩・粗挽き黒こしょう	各少々
EXバージンオリーブオイル	大さじ5

| 下準備 |

鶏肉は水分を拭き取って容器に入れ、レモン汁大さじ4をまぶしてラップをし、冷蔵庫で1時間～ひと晩おく。

Memo

● 炊飯器の保温温度は機種やメーカーによって異なるため、使用する炊飯器によって調節する。

● 湯の温度を測る際、温度計がない場合は沸騰した湯800mℓに常温水200mℓを混ぜる。

| 作り方 |

I 下準備した鶏肉の水分を拭き取り、耐熱用ジップバックに入れて空気を抜き、炊飯器の釜に入れる。

2 80度の湯1ℓ（分量外）を注ぎ、浮いてこないよう耐熱皿などで押さえる。フタをして保温機能を使い1時間おく。

3 ニンニクはみじん切りにする。大葉はせん切り、茗荷は縦半分に切って薄切りにし、どちらも20秒ほど水にさらす。長ねぎは洗い、粗みじん切りにする。

4 フライパンにオリーブオイル、ニンニクを入れて弱火で熱し、香りが出てきたらしょうゆ、白ワイン、残りのレモン汁大さじ1を入れて2分ほど煮詰める。塩、粗挽き黒こしょうで味を調える。

5 **2**の鶏肉を薄く削ぎ切りにして皿に並べ、大葉、茗荷、長ねぎをのせ、**4**を熱いうちにかける。

豚肉のプロヴァンス風煮込み

スープに豚や野菜の旨みが溶け出した、最後の一滴まで飲み干したくなる
贅沢なひと皿。バゲットなどをスープに浸して食べても最高！

| 材料 | 4人分 |

豚肩ロース塊肉 ————	700g
玉ねぎ ————	1個(300g)
じゃがいも ————	4個(550g)
レンズ豆 ————	大さじ4
ミニトマト ————	12個
ニンニク ————	1片
EXバージンオリーブオイル ―	大さじ1
塩 ————	小さじ½

	水 ————	500ml
A	チキンブイヨン（コンソメでも可）————	1個
	岩塩 ————	小さじ1と½
粗挽き黒こしょう ————		適量

Memo
- お好みで粒マスタードを添えるの
  もおすすめ。

| 作り方 |

I 豚肩ロース塊肉は、大きいようなら鍋に入るサイズに合わ
せて切る。玉ねぎ、ニンニクは粗みじん切りにする。じゃ
がいもは洗って皮をむき、ゴロッと大きめに切る。

2 圧力鍋にオリーブオイルを入れて中火に熱し、ニンニク、
玉ねぎ、塩を入れて炒める。

3 香りが出て色が変わってきたら、豚肉を入れて裏返しなが
ら全面に焼き色をつける。

4 Aを加えてフタをし、強火にして圧力がかかったら中火に
下げ、10分煮込む。火を止め、圧力が抜けるまで冷ます。

5 **4**にじゃがいもとレンズ豆を加え、じゃがいもに火が通る
まで15分ほど弱火で煮込む。

6 粗挽き黒こしょうをふり、ミニトマトを入れて皮が弾けるく
らいまで2〜3分煮込む。

7 豚肉は食べやすい大きさに切り、皿に盛る。

Pairing
ビール、マッコリ、焼酎、スパイス系赤ワイン、オレンジワイン

豚肉とたっぷりきのこの旨辛炒め煮

豚肉ときのこの旨みが凝縮された、旨辛のスープがたまらないおいしさ。
スープが余ったらごはんを加えて召し上がれ。

| 材料 | 4人分 |

豚こま切れ肉（豚バラ肉でも可）
——————— 400g
しめじ ———— 1株
えのき ———— 1袋
もやし ———— 1袋
長ねぎ ———— 1本

A
ごま油 ———— 大さじ2
唐辛子(粗挽き) - 大さじ2
コチュジャン —— 大さじ2
しょうゆ ——— 大さじ1
はちみつ（水あめ、砂糖でも可）
——————— 大さじ1
ニンニク（すりおろし）
——————— 大さじ½
ショウガ(すりおろし)
——————— 大さじ½
炒りごま（白）—— 大さじ1
エゴマの粉（すりごまでも可）
——————— 大さじ2

| 下準備 |

もやしはヒゲを取って洗い、ザルに
あげる。
Aは混ぜ合わせる。

| 作り方 |

Ⅰ しめじは石づきを切り落とし、小房にわける。えのきは根元とおがくずがついた部分を切り落とす。

2 長ねぎは、白い部分は斜めに1cm幅に切る。青い部分は小口切りにする。

3 鍋にしめじ、えのき、もやし、豚肉を入れ、下準備で合わせた**A**をかけ、フタをして中火にかける。パチパチと音がしてきたらフタをあけて混ぜながら炒め、再度フタをして5分ほどおく。

4 フタをあけ、長ねぎの白い部分を入れて混ぜ、2分ほど炒める。火を止めて長ねぎの青い部分を加えてエゴマの粉をかける。

Pairing
ビール、白ワイン、ロゼワイン

豚こまと新じゃが玉のコク旨炒め

甘辛い味つけに酢をプラスすることで、こってりしつつも不思議と
さっぱり食べられます。お酒のお供はもちろんお弁当にも最適。

| 材料 | 2人分 |

豚こま切れ肉	250g
新じゃがいも	150g
新玉ねぎ	130g
片栗粉	大さじ2

A
しょうゆ	大さじ2
酒	大さじ2
みりん	大さじ1
酢	大さじ1
砂糖	大さじ½
ニンニク（すりおろし）	小さじ1
ごま油	大さじ1

| 下準備 |
豚肉に片栗粉をまぶす。
Aは混ぜ合わせる。

〉 Memo
〉 豚こま切れ肉に片栗粉をまぶす際、
〉 肉を広げながら全体につける。

| 作り方 |

1 新じゃがいもは皮つきのまま大きければ半分に切り、1cmの厚みに切る。新玉ねぎは繊維に沿って1cmのくし形に切る。

2 フライパンにごま油をひいて中火で熱し、豚肉を入れて平らに広げる。5分ほど、ほぐさずに焼く。

3 こんがりと焼き色がついたらひっくり返し、肉を適度にほぐし、新じゃがいもを入れて混ぜる。フタをして3分蒸し焼きする。

4 新じゃがいもに竹串がスッと通れば新玉ねぎを加えて少し炒める。Aを入れ、混ぜながらとろみがついたら火を止める。

Pairing
ビール、ハイボール、白ワイン、スパークリングワイン

お肉ふっくら塩麹唐揚げ

お肉が引き立つ、ニンニクやショウガを使わないシンプルな味つけ。
下味に塩麹と砂糖を使い、しっとりジューシーに仕上げました。

| 材料 | 2人分 |

鶏もも肉（鶏むね肉でも可）── 400g
塩麹 ───────────── 大さじ1
砂糖 ───────────── 小さじ1
片栗粉 ──────────── 大さじ3
コーンスターチ ─────── 大さじ3
EXバージンオリーブオイル ── 適量
レモン ──────────── 適量

| 下準備 |

鶏肉はひと口大に切り、保存容器など
に入れ、塩麹と砂糖を入れてもみ込み、
冷蔵庫でひと晩おく。

Memo

- 冷たい油に鶏肉を入れることでゆっくり火が通り、生焼けの心配なく柔らかく仕上がる。
- 2度揚げをすることで、カリッと揚がる。

| 作り方 |

Ⅰ 下準備をした鶏肉に片栗粉大さじ1とコーンスターチ大さじ1をもみ込む。

2 Ⅰの粉がなじんだら残りの片栗粉とコーンスターチをしっかり押さえつけるようにまぶしていく。

3 フライパンに鶏肉と、肉が半分浸かるくらいのオリーブオイルを入れ、弱火にかける。

4 片面がうっすらと揚げ色がついたらひっくり返し、両面に軽く揚げ色がついたら一度バットにあげる。

5 油を180度に熱し、鶏肉を戻し入れ、2度揚げをする。途中鶏肉を持ち上げ空気に触れさせながら全体にしっかり揚げ色がついたらバットにあげ、油を切る。皿に盛り、レモンを添える。

ねぎまみれ絶品タレ豚しゃぶ

柔らかく仕上げた豚肉に、たっぷりのねぎとショウガ、ニンニクを効かせて、
お酢でさっぱりと仕上げれば、食べ出したら止まらないビールのお供の完成！

| 材料 | 2人分 |

豚ロース薄切り肉（しゃぶしゃぶ用）
――――――――― 300g
長ねぎ（白い部分）― 1本
水 ――――――― 1ℓ
酒 ――――――― 大さじ2
塩 ――――――― 小さじ1
ごま油 ―――――― 60ml
ニンニク ――――― 1片
ショウガ ――――― 8g
しょうゆ ――――― 大さじ1と½
酢 ――――――― 大さじ1と½

| 作り方 |

I 長ねぎは白い部分を白髪ねぎに
する。ニンニク、ショウガはみ
じん切りにする。

2 鍋に水を入れて火をつけ、沸騰
したら酒と塩を入れて弱火にし、
豚肉を数枚ずつ入れる。しゃぶ
しゃぶしながら白く色が変わっ
たらザルにあげ、そのまま冷ます。

3 フライパンにごま油、ニンニク、ショウ
ガを入れて中火にかける。ニンニクの香
りが出たら弱火にし、しょうゆ、酢を入
れひと煮立ちしたら火を止める。

4 冷ました豚しゃぶ、上に白髪ねぎを盛り、
3 をかける。

Memo
- 肉をしゃぶしゃぶするときは少量
ずつ入れて引き上げ、ゆですぎない
ようにする。
- 豚しゃぶは冷めてから冷蔵庫で15
分ほど冷ますとよりおいしくなる。

Pairing
ビール、ハイボール、白ワイン、
日本酒

牛肉のオリエンタル炒め

ゴロッとしたお肉に、こってり甘じょっぱいタレが絡めば、
たちまちお酒によく合うおつまみに。たっぷりの白髪ねぎをのせてどうぞ。

| 材料 | 2人分 |

牛こま切れ肉 —————— 300g
長ねぎ（白い部分）— 10cm
塩 ———————————— 少々
こしょう —————————— 少々
片栗粉 ———————————— 大さじ3

A
　しょうゆ ————— 大さじ½
　酒 ————————— 大さじ1
　みりん ————— 大さじ1
　オイスターソース
　　　————— 大さじ1と½
　酢 ————————— 大さじ½
　ショウガ（すりおろし）— 小さじ1
　ニンニク（すりおろし）— 小さじ1
ごま油 ———————— 大さじ2

| 作り方 |

1 牛肉に塩、こしょうをふり、片
栗粉をまぶす。

2 フライパンにごま油を入れて中
火で熱し、牛肉を入れフライパ
ン全体に広げたら触らず3分焼
く。裏返し、ごろっと塊を残し
ながらほぐし、さらに3分ほど
焼く。

3 **2**にAを入れて混ぜ、水っぽ
さがなくなりとろみが出たら火
を止める。皿に盛り、白髪ねぎ
をのせる。

| 下準備 |

ボウルにAを入れて混ぜる。
長ねぎは白髪ねぎにし、水に5〜10分ほど
さらす。

Memo
牛肉はゴロッと感を残すためにあま
りほぐさない。

Pairing
ビール、スパークリングワイン、赤ワイン

Pairing
ビール、焼酎、ハイボール

こっくりピリ辛豚の角煮

豚の角煮はピリ辛味にすることで、よりお酒によく合うおつまみに。
とろとろの半熟卵をタレに絡ませていただくのも格別です。

| 材料 | 4人分 |

豚バラ塊肉	800g
卵	4個
ショウガ	1片
長ねぎ	1本

A	酒	200mℓ
	焼酎	100mℓ
	水	100mℓ
	しょうゆ	大さじ2と½
	豆板醤	大さじ1
	みりん	大さじ2
	砂糖	大さじ2

| 下準備 |

ショウガは2mm幅ほどの薄切りにする。
長ねぎは白い部分を白髪ねぎにする。

Memo
圧力鍋がない場合は、鍋で肉が柔らか
くなるまで煮込む。

| 作り方 |

Ⅰ 半熟卵を作る。鍋に卵とかぶるくらいの水（分量外）を入
れ、中火にかける。沸騰してから6分ほどゆでたら取り出し、
流水で冷やしながら皮をむく。

2 豚肉は6～8cm角に切り、鍋に肉とたっぷりの水（材料外）
を入れて中火にかける。沸騰してから肉の表面の色が変わ
るまでゆでたら取り出し、肉をサッと洗い流す。

3 圧力鍋に豚肉、ショウガ、長ねぎの青い部分、**A**を入れて
フタをし、強火にかける。表示ピンが上がり圧がかかった
ら弱火にし、約10分加圧する。火を止め、圧が抜けるまで
おく。

4 フタを取って中火にかけ、煮汁が半分ほどになるまで、肉
を上下返しながら煮詰める。火を止め、少し冷めたら**Ⅰ**を
加え入れ煮汁に浸す。

5 器に盛り、下準備した白髪ねぎを添える。

柔らかジューシーショウガ焼き

簡単でおいしいショウガ焼きを作りたくて、試行錯誤の末たどり着いたレシピです。みそを使うと香ばしく、タレもとろ〜り、ビールとの相性も抜群！

| 材料 | 2人分 |

豚ロース薄切り肉 —— 300g
玉ねぎ —————— 80g
片栗粉 —————— 大さじ1

A
ショウガ（すりおろし）— 15g
砂糖 ————— 大さじ½
みりん ———— 大さじ½
酒 —————— 大さじ1
麦みそ ———— 大さじ1
しょうゆ ——— 大さじ½

ごま油 ————— 大さじ1と½

| 作り方 |

1 玉ねぎは2〜3cmのくし型に切り、Aは混ぜ合わせる。豚肉の両面に茶こしなどで薄く片栗粉をふる。

2 フライパンにごま油大さじ1をひいて弱火で熱し、温まったら豚肉を入れ、色が変われば裏返し、両面サッと焼く。

3 豚肉を一度取り出し、そのままのフライパンに残りのごま油をひいて中火で熱し、玉ねぎを加える。玉ねぎに焼き色がついたら端に寄せ、豚肉を戻し入れる。

4 Aを入れてサッと煮絡める。

Memo
- 肉は硬くなりやすいので、弱火でサッと火を通す。
- ショウガすりおろしは繊維は取り除く。
- みそはお好みのものでよい。

Pairing
ビール

新ショウガの肉巻き

甘じょっぱいタレに絡めた豚肉に、新ショウガの爽やかな辛みがマッチ！
タレにお酢を効かせることで、豚バラ肉も最後までさっぱりいただけます。

| 材料 | 2人分 |

豚バラ薄切り肉 —— 380g（10枚）
新ショウガ ——— 80g
大葉 ——————— 10枚
片栗粉 —————— 大さじ1

A
| しょうゆ —— 大さじ1
| みりん ———— 大さじ1
| 酒 —————— 大さじ1
| 酢 —————— 大さじ1と½

ごま油 —————— 大さじ½

| 作り方 |

1 新ショウガはよく洗い、皮つき
のままぎん切りにする。

2 豚肉の片面に片栗粉をまぶし、
まぶした側に大葉、新ショウガ
を巻く。

3 フライパンにごま油を入れて中
火で熱し、豚肉の包み終わりを
下にして入れる。全体的に焼き
色がついたら余分な油をキッチ
ンペーパーで拭き取り、**A**を入
れて全体に絡めながらとろみが
つくまで煮詰める。

Memo
- 豚ロース肉を使用する場合は、油が
  少ないようなら足す。
- 新ショウガが飛び出ないよう、豚肉
  でキツめに巻くのがポイント。
- 大葉は豚肉の枚数分用意する。

Pairing
白ワイン、ロゼワイン、
オレンジワイン、ビール、
焼酎、日本酒

Pairing
ビール、マッコリ、焼酎、オレンジワイン

ピリ辛韓国風肉じゃが

ごろっとした牛塊肉を使った、がっつりボリューム満点のひと品！
コチュジャンを使った韓国風の味つけで、晩酌タイムがはかどります。

| 材料 | 2人分 |

牛バラ塊肉	300g
じゃがいも	2個（小さめ）
大根	170g
ニンニク	½片
ショウガ	10g
砂糖	大さじ½

A
酒	60㎖
コチュジャン	大さじ1
しょうゆ	大さじ1
みそ	大さじ½
砂糖	小さじ2
水	50㎖

ごま油	大さじ½
糸唐辛子	適量

| 下準備 |

Aは混ぜ合わせる。

Memo
- でき上がったら1度冷まして火を入れ直すと、より味が染みておいしく仕上がる。
- 仕上げに水溶き片栗粉でとろみをつけ、ごはんにのせて丼にするのもおすすめ。

| 作り方 |

1 ニンニク、ショウガはみじん切りにする。牛肉は大きめのひと口大、大根は大きめのひと口大の乱切りする。じゃがいもは皮をむき大きめのひと口大に切る。

2 鍋に大根を入れてかぶる程度の水（分量外）を入れ、砂糖を加える。中火にかけて沸騰したら弱火にし、15分ほど下ゆでする。

3 別の鍋にごま油をひいて中火で熱し、ニンニクとショウガを入れる。香りが出たら牛肉を入れ、表面の色が変わったらじゃがいもを加え、軽く炒めてAと大根を入れる。

4 落としブタをし、弱火で20分ほど煮る。皿に盛り、糸唐辛子を添える。

牛肉の黒こしょう炒めのせ

シャキシャキの生ピーマンに、濃いめに味つけした牛肉炒めが相性抜群！
ビールはもちろん、白ワインも進むひと皿です。

| 材料 | 2人分 |

牛こま切れ肉	230g
ピーマン	4個

A
オイスターソース	大さじ1
しょうゆ	大さじ½
砂糖	小さじ1
酒	大さじ1
粗挽き黒こしょう	小さじ1
ニンニク（すりおろし）	½片

水溶き片栗粉
　―片栗粉大さじ½＋水大さじ1と½
ごま油	大さじ1
粗挽き黒こしょう	適宜

| 作り方 |

1 牛肉に混ぜ合わせた**A**を入れて
もみ込む。

2 フライパンにごま油を入れて中
火で熱し、牛肉を炒める。火が
通ったら水溶き片栗粉を回し入
れ、軽く炒め合わせる。

3 ピーマンの水気を切って皿に盛
り、牛肉をのせる。お好みで粗
挽き黒こしょうをかける。

| 下準備 |

ピーマンは洗い、種を取って細切りにし、
氷水（分量外）に10～15分浸けておく。

Memo
ピーマンの苦みが苦手な方は、長めに氷水
に浸けると苦みが抑えられます。

Pairing
ビール、白ワイン

茄子とろ肉巻き

とろとろの茄子と脂ののった豚バラ肉がたまらないおいしさ。
しょうゆとバルサミコ酢で香りよく仕上げました。

| 材料 | 2人分 |

長茄子 ——————— 1本（120g）

豚バラ薄切り肉 —— 250g

塩 ————————— 少々

黒こしょう ————— 少々

片栗粉 ——————— 大さじ1と½

A｜しょうゆ ————— 大さじ½
　｜バルサミコ酢 —— 大さじ½

EXバージンオリーブオイル
　　　　　　　　　——— 大さじ½

Memo

● 茄子はスライスしたあと色が
　変わるので、気になるような
　ら水に浸ける。

● しょうゆ、バルサミコ酢を入
　れる前に油が多いようなら拭
　き取る。

| 作り方 |

1 長茄子はヘタを切り落とし、スライサーで縦にスラ
イスする。豚肉は長さを半分に切る。

2 茄子と豚肉を重ね、塩、黒こしょう、片栗粉を薄く
ふって端から巻く。全体にも片栗粉をふる。

3 フライパンにオリーブオイルをひいて中火で熱し、
2を巻き終わりを下にして入れる。全体に焼き色が
ついたら**A**を入れてサッと絡める。

Pairing
軽めの赤ワイン、
ロゼワイン、白ワイン

バターみそ風味の鶏団子ミルク鍋

まろやかなミルクスープに白みそでこっくりとした風味をプラス。
お酒ともごはんとも相性がよく、子どもから大人までおいしくいただけます。

| 材料 | 4人分 |

[肉ダネ]
鶏ひき肉 ——————— 250g
卵 —————————— 1個
塩 —————————— 小さじ1/2
こしょう ——————— 少々
片栗粉 ——————— 大さじ1/2

蕪（葉付き）———— 1個（250g）
さつまいも ————— 140g
にんじん —————— 140g
ウインナー ————— 6本
牛乳 ——————— 300㎖
水 ———————— 150㎖
酒 ———————— 150㎖

コンソメ（顆粒）——— 大さじ1
白みそ —————— 大さじ2
バター（有塩）———— 30g
塩・こしょう ———— 各少々

〉 Memo
• 鶏ひき肉は、ももとむねの合挽き
  を使用。
• さつまいも、蕪、にんじんは余裕
  があればそれぞれ面取りをすると
  型崩れしにくくなる。
• 牛乳と白みそは最後に入れてか
  らあまり煮立たせない。

| 作り方 |

1 ボウルに肉ダネの材料を入れ、粘りが出るまでよく練る。

2 蕪は皮をむき、4等分のくし形切りにする。葉は食べやすい長さに切る。さ
    つまいもは皮をしま目にむき、2㎝幅の輪切りにしたら、10分ほど水にさ
    らす。にんじんは大きめの乱切りにする。

3 鍋にバターを入れて弱めの中火で熱し、蕪、さつまいも、にんじんを入れて
    少し焼き色がつくまで炒める。

4 水、酒、コンソメを入れ、フタをして野菜に火が通るくらいまで5〜10分
    蒸し煮にする。

5 弱火にして牛乳を加え、**1**の肉ダネをスプーンなどでひと口大にすくって入
    れる。ウインナー、蕪の葉を加え、白みそを軽く溶いて入れる。肉団子に火
    が通るまで8分ほど煮たら、塩、こしょうで味を調える。

Pairing
ビール、軽めの赤ワイン、焼酎、日本酒

たっぷり根菜と肉団子の甘辛おかず

豚ひき肉で作った食べ応えのある肉団子と、たっぷりの根菜で
ボリュームを出した主役おかず。冷めてもおいしいので作りおきにも最適です。

| 材料 | 4人分 |

さつまいも	550g
カボチャ	270g
蓮根（れんこん）	230g

	豚ひき肉（合挽き肉でも可）	340g
	卵	1個
	片栗粉	大さじ1
A	酒	大さじ1
	水	大さじ2
	塩麹（塩でも可）（塩の場合は小さじ1）	大さじ½
	ごま油	大さじ½

	しょうゆ	大さじ4
B	砂糖	大さじ4
	酢	大さじ2

EXバージンオリーブオイル — 適量
炒りごま（白でも黒でも可）— 適量

| 下準備 |

さつまいもは適当に⅓ほどむき、蓮根
は皮をむき、食べやすい大きさにそれぞ
れ1.5cmほどの厚さで切る。さつまいも
は10分ほど水にさらし、ザルにあげる。
蓮根は10分ほど酢水（分量外）に浸け、
軽く水洗いする。

〉 Memo
〉 根菜はそれぞれ火が通る時間が違うので、竹
〉 串などでチェックする。先にゆでるかレン
〉 ジにかけ熱を通しておいてもよい。

| 作り方 |

1 カボチャは皮を適当に⅓ほどむき、食べ
やすい大きさの1.5cmほどの厚さに切る。
さつまいも、カボチャ、蓮根は水気を拭き、
片栗粉を適量（分量外）まぶす。

2 フライパンに野菜が半分浸かるほどのオ
リーブオイルを入れ、弱中火にかける。
野菜を入れ、表面はこんがりと、竹串が
スッとささるくらいまで揚げ焼きにして、
1度取り出す。

3 Aを混ぜ、手にオリーブオイル少々をつ
けて4cmほどの団子状に丸めながら、弱
めの中火に熱したフライパンに落とす。

4 5〜7分ほど揚げ焼きにして中まで火を
通し、（油が少なければ足す）1度取り出す。

5 4のフライパンで油が残っていれば拭き
取り、2と4の具材を全部戻す。中火に
し、混ぜ合わせたBを入れて全体に絡め
ながら、とろみが出たらすぐに火を止め
る。皿に盛り、炒りごまをふる。

1

5

韓国風カツオのユッケ

韓国のユッケ（生肉）をカツオでアレンジ。タレの隠し味にリンゴを加えることで、さっぱり飽きのこない味わいに。ピリ辛のタレに卵黄を絡めて、ビールで乾杯！

| 材料 | 2人分 |

カツオ	—————	250g
りんご	—————	50g
塩	—————	小さじ1
A	コチュジャン ———	大さじ½
	はちみつ ———	小さじ1
	しょうゆ ———	小さじ1
	ニンニク（すりおろし）	
	———	小さじ1
	ショウガ（すりおろし）	
	———	小さじ1
	玉ねぎ（みじん切り）	
	———	大さじ2（30g）
	ごま油 ———	大さじ1
卵黄	—————	1個

| 作り方 |

1 りんごはよく洗い、皮つきのまま細切りにする。カツオは1.5cmの厚みに切る。

2 ボウルに**A**を入れて混ぜ、カツオ、りんごを加えて和える。表面にラップをし、冷蔵庫で1時間おく。

3 皿に盛り、中心に卵黄を落とす。

| 下準備 |

カツオは水でサッと洗って拭き取り、全面に塩をふって冷蔵庫に入れる。10分おいたら取り出し、サッと水洗いして拭き取る。

Memo
カツオは塩でシメることによって生臭さも軽減される。

> **Pairing**
> ビール、焼酎、ハイボール、マッコリ

たっぷりチーズとマッシュルームのリゾット

マッシュルームの旨みをお米に吸わせれば、シンプルながら極上の味わいに。白ワインはもちろん、スパークリングとの相性も格別です。

| 材料 | 4人分 |

| 米 ———————————— 1と½合 |
| マッシュルーム（ブラウン）—— 120g |
| ベーコン ————————— 70g |
| ブイヨンスープ —————— 900㎖ |
| 白ワイン ———————— 大さじ2 |
| ローリエ ————————— 2枚 |
| バター ————————— 30g |
| パルミジャーノレッジャーノ —— 大さじ4 |
| 粗挽き黒こしょう —————— 適量 |
| EXバージンオリーブオイル — 大さじ3 |

| 下準備 |

ブイヨンスープに白ワインとローリエを入れ温めておく。

| 作り方 |

1 ベーコンとマッシュルームはみじん切りにする。鍋にオリーブオイルを入れて中火で熱し、ベーコンを入れて1分ほど炒めたら、マッシュルームと米を加えて3分ほど炒める。

2 米が半透明になってきたら下準備したブイヨンスープを入れる。ときどき鍋底だけ焦げつかないように軽く混ぜる。

3 15〜20分加熱し、芯が残る程度に炊き上がったら火を止め、バターとパルミジャーノレッジャーノの¾量を入れて余熱で溶かす。皿に盛り、残りのパルミジャーノレッジャーノと粗挽き黒こしょうをふる。

[**Pairing**
白ワイン]

Pairing
ロゼワイン、オレンジワイン、スパークリングワイン、白ワイン、ビール

海老じゃがアジアン春巻き

きつめに巻いた春巻きのパリパリ食感がおつまみに最適！
味つけはシンプルに、チーズの塩気とたっぷりのパクチーでいただきます。

| 材料 | 4人分（10本）|

| 海老（冷凍）————180g
| じゃがいも————180g
| 春巻の皮————10枚
| シュレッドチーズ————60g
| 塩————少々
| こしょう————少々
| 水溶き片栗粉
| ——片栗粉大さじ1＋水大さじ1
| EXバージンオリーブオイル——適量
| パクチー————適量

| 下準備 |

海老（冷凍）は冷蔵庫で自然解凍する。
背腸があれば竹串などで取る。

Memo
- 具材は火が通っているので春巻きの皮に揚げ色がつけばよい。
- お好みでチリソースやタバスコをかける。
- 皮をとめるのりは、水溶き薄力粉でもOK。

| 作り方 |

1 じゃがいもは皮をむきひと口大に切る。鍋にじゃがいもと浸かるくらいの水（分量外）を入れて中火にかけ、7分ほどゆでたら湯を切り、粉吹きいもにする。

2 鍋に水200㎖（分量外）を入れて中火にかけ、沸騰したら海老を入れて火を止め、フタをする。冷めたら取り出し、1㎝角に切る。

3 ボウルにじゃがいもを入れてマッシャーなどでつぶし、海老、シュレッドチーズ、塩、こしょうを入れて混ぜる。

4 春巻の皮で**3**を包み、巻き終わりを水溶き片栗粉でとめる。フライパンに深さ1㎝ほどにオリーブオイルを入れて180度に熱し、春巻きを入れて全体がこんがりと揚げ色がつくまで揚げる。皿に盛り、パクチーを添える。

サバのフリット 〜ビネガーソース〜

カリッと揚がったサバをビネガー液に漬け込んだ、ほどよい酸味が心地よいひと皿。レーズンの甘みがアクセントになっています。

| 材料 | 2人分 |

サバ（無塩）	——	200g
玉ねぎ	——	60g
A 薄力粉	——	大さじ2
片栗粉	——	大さじ2
塩	——	少々
炭酸水	——	50㎖
B 白ワインビネガー	——	大さじ2
しょうゆ	——	小さじ1
砂糖	——	大さじ½
塩	——	ひとつまみ
水	——	大さじ1
レーズン（オイルコーティングなし）	——	25g
EXバージンオリーブオイル	——	適量
パセリ	——	少々

| 作り方 |

I サバは3cmほどの大きさに切る。玉ねぎは薄切りにする。ボウルに**A**を入れて泡立て器で混ぜ、サバにくぐらせる。

2 フライパンにサバが⅔浸かるほどのオリーブオイルを入れ、180度に熱する。サバを入れてカリッと揚げ色がついたら取り出し、油を切る。

3 下準備した**B**に**2**と玉ねぎを入れて混ぜ、冷蔵庫で30分ほどおく。皿に盛り、粗みじん切りにしたパセリをふる。

| 下準備 |

耐熱容器に**B**を入れて600Wのレンジで20秒ほど加熱する。

Pairing
白ワイン、スパークリングワイン、ロゼワイン

体が喜ぶ
野菜の
おつまみ

「お酒も楽しみたいけど、体もちゃんと
いたわりたい」。そんな方は野菜をた
っぷり使ったデトックスレシピはいか
が? 素材を引き立てるシンプルな味つ
けながら、少しの工夫で極上のひと品に。
彩り鮮やかでご馳走感も堪能できます。

丸ごとピーマンのフリット

ピーマンを丸ごと揚げることで旨みを逃さず、甘みも凝縮。
仕上げにパルミジャーノレッジャーノを削れば、格上げの極上おつまみに。

> Memo
> ピーマンは、揚げる際に破裂を防ぐ
> ため、必ず穴をあける。

Pairing
白ワイン、スパークリングワイン、日本酒

| 材料 | 2人分 |

ピーマン ——————— 6個
卵 ————————————— 1個
水 ————————————— 40mℓ
A | 薄力粉 ——————— 50g
　　 | 塩 ————————— ひとつまみ
EXバージン
　オリーブオイル —— 適量
パルミジャーノレッジャーノ
　（粉チーズでも可）— 適量

| 下準備 |

卵、水、**A**の薄力粉は冷やしておく。

| 作り方 |

1　ピーマンのヘタはひねりながら取り、フォークで数カ所穴をあけ、薄力粉適量（分量外）をまぶす。

2　卵は溶き、水を入れて混ぜ合わせ、**A**を加えてさっくりと混ぜる。

3　鍋にピーマンが半分浸かるくらいのオリーブオイルを入れて中火にかける。油が温まったらピーマンに**2**の衣をつけて鍋に入れ、優しく裏返しながら衣がカリッとなるまで揚げる。

4　皿に盛り、パルミジャーノレッジャーノを削る。

アボカドのさっぱりワカモレ

メキシコ発祥のアボカドソース「ワカモレ」を手軽にアレンジ。
クリーミーなアボカドとレモンの酸味がマッチ。

| 材料 | 2人分 |

アボカド —————— 1 個
とうもろこし（ゆでたもの）
————————— 適宜
スライスレモン ——— 適宜
コーンチップス ——— 適宜
レモン汁 ————— 大さじ 1

A
紫玉ねぎ ——— ½ 個
ニンニク（すりおろし）
————————— 小さじ ½
塩 ————————— 小さじ ½
こしょう ——— 適量
EX バージンオリーブオイル
————————— 小さじ 1

| 作り方 |

1 紫玉ねぎはみじん切りにする。
アボカドは皮と種を取り除い
てボウルに入れ、レモン汁を
まぶし、フォークで粗くつぶす。

2 **1** に **A** を混ぜ合わせて器に
盛り、お好みでとうもろこし、
スライスレモン、コーンチッ
プスを添える。

〉 Memo
● アボカドは熟したものがお
すすめ。
● レモン汁は生レモンを絞る
とよりおいしく仕上がる。

Pairing
ドライな白ワイン、
スパークリングワイン

トマトとカッテージチーズのサラダ

ワインのお供がほしいときにぴったりな、トマトとチーズのサラダ。
手作りのハニービネガードレッシングをかければ、お店の味に変身します。

| 材料 | 2人分 |

トマト	2個(250g)
紫玉ねぎ	50g
カッテージチーズ	70g

A
EXバージンオリーブオイル	大さじ1
白ワインビネガー	大さじ1
はちみつ	大さじ½
塩	ひとつまみ

粗挽き黒こしょう	少々

| 作り方 |

1 トマト、紫玉ねぎは5mm幅の輪切りにする。**A**は混ぜる。

2 皿にトマト、紫玉ねぎを盛り、**A**をかける。仕上げにカッテージチーズを手でちぎりながら散らし、粗挽き黒こしょうをふる。

Pairing
白ワイン、ロゼワイン、スパークリングワイン

トマトドレッシングの豚しゃぶ

トマトを丸ごとぎゅっとドレッシングにして豚肉と合わせれば、
さっぱりなのにスタミナも満点。ワインとのマリアージュを堪能できます。

| 材料 | 4人分 |

豚バラ薄切り肉（豚ロース肉でも可）
——————————————— 300g
トマト ——————————— 300g
玉ねぎ ——————————— 50g

A
- ニンニク（すりおろし）—— 小さじ1
- EXバージンオリーブオイル
  ——————————— 大さじ2
- 白ワインビネガー（酢でも可）
  ——————————— 大さじ1
- 白だし ——————————— 大さじ1
- 塩 ————————————— ひとつまみ

粗挽き黒こしょう ————— 適量
EXバージンオリーブオイル — 大さじ1
イタリアンパセリ ————— 適宜

| 作り方 |

1 トマトは湯むきし、ざく切りにする。
玉ねぎはざく切りにする。

2 トマト、玉ねぎ、**A**をブレンダーにか
けてなめらかになるまでかくはんし、
冷蔵庫で30分以上冷やす。

3 トマトの湯むきで使った湯に酒適量（ともに分量外）を
入れ、沸騰したら弱火にし、豚肉を入れてサッとゆでる。
取り出してトレイで冷ます。

4 皿に**2**を注ぎ、**3**の豚肉をのせ、オリーブオイルと粗
挽き黒こしょうをかける。仕上げにお好みでイタリアン
パセリをのせる。

Pairing
ロゼワイン、
オレンジワイン、
白ワイン

Pairing
白ワイン、スパークリングワイン、ロゼワイン

グリルレタスのシーザーサラダ

グリルしてくたっとしたレタスに温泉卵と
シーザードレッシングがよく絡み、レタスがぺろっと食べられます。
見た目もおしゃれで、おもてなし料理としてもおすすめです。

| 材料 | 2人分 |

ロメインレタス	½個
卵	1個
塩	少々

A
マヨネーズ	大さじ2
EXバージンオリーブオイル	大さじ1
牛乳	大さじ2
粒マスタード	小さじ1
ニンニク（すりおろし）	小さじ½
パルミジャーノレッジャーノ（すりおろし・粉チーズでも可）	40g
レモン汁	小さじ1

EXバージンオリーブオイル ── 大さじ1

| 下準備 |

Aは混ぜ合わせておく。

〉 Memo
〉 お好みで粗挽き黒こしょうをふるのもお
〉 すすめ。

| 作り方 |

1 鍋に卵がしっかり浸かるほどの湯（分量外）を沸かし、沸騰したら火を止めて卵を入れる。フタをして10分おき、冷水に浸けて冷めるまでおく。

2 ボウルに流水を当てながらロメインレタスを根元までよく洗い、縦半分に切って水分を拭き取る。

3 フライパンにオリーブオイルを入れて中火で熱し、ロメインレタスを切り口を下にして焼く。全体に塩をふり、こんがり焼き色がついたら反対側も焼く。

4 皿に盛り、混ぜ合わせた**A**をかけ、**1**をのせる。

キャベツのピッツァ

芯ごと輪切りにしたキャベツを生地に見立ててピッツァ風に仕上げました。
ボリュームたっぷりなのにヘルシーで、ダイエット中でも罪悪感なく食べられます。

| 材料 | 2人分 |

キャベツ	250g
トマトピューレ	大さじ3
シュレッドチーズ	40g
EXバージンオリーブオイル	大さじ2
塩	ひとつまみ
こしょう	少々
A 塩	少々
粗挽き黒こしょう	少々
EXバージンオリーブオイル （仕上げ用）	適宜
タバスコ	適宜

| 作り方 |

I キャベツは芯がついたまま輪切り
にする。フライパンにオリーブオ
イル大さじ2をひいて中火で熱
し、キャベツを入れて塩、こしょ
うをふる。2分ほど焼いたら裏返し、
両面こんがり焼き色をつける。

2 天板に **I** をのせ、上にトマトピュー
レを広げる。シュレッドチーズ
を散らし、**A** をふる。

3 220度に予熱したオーブンでチー
ズが溶けて焼き色がつくまで10分
ほど焼く。皿に盛り、お好みでオ
リーブオイルやタバスコをかける。

| 下準備 |

天板にクッキングシートを敷く。
オーブンがない場合は、オーブントースター
で焼いてもよい。

2

Pairing
白ワイン、
スパークリング
ワイン、
オレンジワイン、
ロゼワイン、
軽めの赤ワイン

丸ごとレタスのナムル

ニンニクとごま油の風味にすりごまのコクが加わった、クセになる味わい。
ビールから白ワインまで、さまざまなお酒とよく合います。

| 材料 | 4人分 |

サニーレタス —— 250g
味つけのり —— 10枚

A
| ごま油 —— 大さじ2
| ニンニク（すりおろし）
| —— 小さじ1
| すりごま（白）- 大さじ2
| 塩 —— ひとつまみ
| レモン汁 —— 小さじ1

| 作り方 |

1 サニーレタスは食べやすい大きさにちぎる。のりは2cm角に切る。

2 大きめのボウルに**A**を入れてよく混ぜ、**1**を加えて和える。

Memo
作ってすぐはもちろん、少し時間をおいてしんなりしてから食べてもおいしい。

Pairing
ビール、ハイボール、白ワイン

クレソンとベビーリーフのサラダ

シャキシャキとした食感が楽しめるクレソンのサラダは、
爽やかな香りとピリッとした辛みがワインとの相性抜群です。

| 材料 | 2人分 |

| クレソン | 40g |
| ベビーリーフ | 40g |

A
白ワインビネガー	大さじ½
EXバージン オリーブオイル	大さじ2
はちみつ	小さじ1
塩	ひとつまみ
粗挽き黒こしょう	少々

| 作り方 |

1 ボウルにクレソン、ベビーリーフ、浸かるくらいの水（分量外）を入れ、5分ほど浸ける。水を切り、キッチンペーパーなどでしっかり水気を拭き取り、冷蔵庫で30分ほど冷やす。

2 ボウルにAを入れて泡立て器でしっかり混ぜ、食べる直前に1と和える。

Memo
Aは白っぽくなるまで混ぜて
乳化させる。

Pairing
白ワイン、スパークリングワイン、
日本酒

ザックザクポテト

せん切りにしたじゃがいもとにんじんをカラッと揚げれば、
ザクザク食感が楽しいおつまみに。

| 材料 | 4人分 |

じゃがいも ―――― 2個（250g）
にんじん ―――― 中1本（100g）

A
| 片栗粉 ―――― 大さじ2
| 粗塩 ―――― 小さじ½
| こしょう ―――― 少々

EXバージンオリーブオイル
―――――― 適量

| 作り方 |

I じゃがいもとにんじんは皮をむき、せん切りにする。ボウルに入れ、**A**を加えてさっくり混ぜる。

2 フライパンにオリーブオイルを底から1～2cmの高さまで入れて中火で熱し、**I**を丸くなるよう落とす。このとき厚みも均等になるよう広げ、両面カリッとなるまで揚げる。

I

Memo
● せん切りはなるべく細く切るとカリッと揚がる。
● 油に落としたら、素早く丸く薄く成形するとバランスよく火が入る。

Pairing
白ワイン、ロゼワイン、スパークリングワイン、ビール

カリとろアボカドの唐揚げ

外はカリカリ、中はとろ～りクリーミーでアボカドがいつもと違うおつまみに。
柚子こしょうの代わりにわさびやコチュジャンを使うのもおすすめです。

| 材料 | 2人分 |

アボカド ―――――― 1個

A | 白だし ――――― 大さじ1
　　　柚子こしょう
　　　――――――― 小さじ1

片栗粉 ――――― 大さじ1と½

EXバージンオリーブオイル
――――――――――― 適量

| 作り方 |

1　アボカドは皮をむいて種を取り、ひと口大に切る。

2　ボウルに**1**と**A**を入れて和える。10分おき、キッチンペーパーなどで水分を取り、片栗粉をまぶす。

3　フライパンにオリーブオイルをひいて中火で熱し、温まったらアボカドを入れる。全体に揚げ色がついたら油を切る。

Memo
- 硬めのアボカドがおすすめ。
- **2**の工程で**1**と**A**を和える際は、ボウルを傾け、白だしの水分で柚子こしょうを溶くと混ざりやすい。

Pairing
白ワイン、オレンジワイン、ロゼワイン、
スパークリングワイン、ビール、ハイボール

ヘルシー野菜チップス

オリーブオイルでカラッと揚げた手作りの野菜チップスなら、
市販のポテトチップスよりもヘルシーで罪悪感なく食べられます。

| 材料 | 4人分 |

じゃがいも	80g
さつまいも	80g
大根	80g
にんじん	80g
塩	適量
砂糖	適量
EXバージンオリーブオイル	適量

| 作り方 |

1 じゃがいも、さつまいもはスライサーなどで薄くスライスし、10分ほど水にさらす。大根、にんじんは薄くスライスし、揚げる前に水分を拭く。

2 鍋にオリーブオイルを底から3cmほどの高さまで入れて180度に熱し、にんじん、じゃがいも、さつまいもを順に揚げていく。両面がこんがりと色づいたら取り出し、にんじん、じゃがいもには塩、さつまいもには砂糖と塩をふる。

3 火を170度ほどに弱め、大根を揚げ、色づいたら取り出して塩をふる。

Pairing
スパークリングワイン、
白ワイン、ロゼワイン、ビール

Memo

● 大根はほかの野菜より水分が多いのでじっくり揚げる。

● 揚げる際、たくさん入れすぎると温度が下がりカラッと揚がらないので量に気をつける。

夏野菜のカラフルマリネ

食卓を華やかに彩ってくれるカラフルな野菜のマリネ。
生ハムとクリームチーズをプラスすれば、さらにワインともよく合います。

| 材料 | 4人分 |

ズッキーニ	1本（250g）
茄子	2本（140g）
ミニトマト	12個（190g）
生ハム	50g
クリームチーズ	60g

A	EXバージンオリーブオイル	60ml
	レモン汁	大さじ2
	バルサミコ酢	大さじ1
	塩麹	大さじ1
	（塩小さじ½で代用可）	
	はちみつ	大さじ1
	ニンニク (すりおろし)	小さじ1
	粗挽き黒こしょう	適量

塩	少々
EXバージンオリーブオイル	大さじ2

| 作り方 |

I ボウルに**A**を入れて混ぜる。生ハムは食べやすい
大きさに切る。ズッキーニと茄子は1cmの輪切り
にする。ミニトマトは湯むきする。

2 フライパンにオリーブオイルをひいて中火で熱し、
ズッキーニと茄子を入れ、塩をふって両面焼く。
こんがり焼き色がついたら、熱いうちに混ぜ合わ
せた**A**のボウルに入れる。

3 **2**にミニトマトと生ハムを入れ、クリームチーズ
は手でちぎりながら加えてさっくりと混ぜ合わせ、
冷蔵庫で1時間ほど冷やす。

Memo
少し冷やすと味が染みるの
でなるべく冷やす。

Pairing
スパークリングワイン、
白ワイン、

蓮根と枝豆のさっぱり和え

梅干しの酸味とかつお節の旨味が引き立つさっぱりとした味わい。
シャキシャキとした蓮根の食感が箸休めにもおすすめです。

| 材料 | 4人分 |

蓮根（れんこん）	150g
枝豆（冷凍）	50g
梅干し（はちみつ漬け）	2個
白だし	小さじ1
かつお節	5g

| 下準備 |

枝豆は冷蔵庫で自然解凍し、さやから豆を取り出す。

| 作り方 |

I 梅干しは種を除き、果肉は包丁で叩いてペーストにし、白だしを混ぜる。

2 蓮根はスライサーなどでスライスする。ボウルに水400㎖と酢大さじ1（ともに分量外）を入れて蓮根を10分ほど浸け、ザルにあげる。

3 鍋に水500㎖（分量外）と蓮根を入れて中火にかけ、3分ほどゆでる。

4 ボウルに**3**、枝豆、**I**を入れて和え、かつお節も混ぜる。

Pairing
白ワイン、ロゼワイン、スパークリングワイン、日本酒

韓国風たっぷりきのこのマリネ

きのこの旨みをぎゅっと凝縮したマリネはビールともワインとも相性抜群。
大量に作ってもペロリとすぐになくなるおいしさです。

| 材料 | 4人分 |

お好みのきのこ	600g
しょうゆ	大さじ 2
酒	大さじ 1 と 1/2

	酢	大さじ 1 1/2
	砂糖	大さじ 1
A	塩	小さじ 1/2
	ごま油	100ml
	七味唐辛子	適量

| 糸唐辛子 | 適宜 |

| 下準備 |

きのこは石づきを切り落とし、食べ
やすい大きさに割いておく。

| 作り方 |

1 きのこにしょうゆ、酒をまぶす。

2 ホイルの上に**1**をのせ、魚焼きグ
リルまたはオーブントースターで
焼き色がつくまで焼く。

3 容器に**A**を入れて混ぜ、**2**を加
えて和え、冷蔵庫で30分ほどおく。
皿に盛り、お好みで糸唐辛子をの
せる。

Memo
- 今回はしめじ、えのき、エリンギ、なめこを使用。
  数種類使うとよりおいしく仕上がる。
- きのこはグリルする前に下味をなじませるこ
  とで旨みがアップする。

Pairing
白ワイン、オレンジワイン、ビール

2

さっぱりコク旨コールスロー

副菜の定番コールスローは、マヨネーズは使わず酢とレモン汁でさっぱり。
ニンニクの風味を効かせることで、お酒にぴったりの味わいに仕上げました。

| 材料 | 4人分 |

| キャベツ ──────── 300g
| にんじん ──────── 40g

A
| 酢 ──────── 大さじ1
| 砂糖 ──────── 小さじ2
| 塩 ──────── 小さじ½
| ニンニク（すりおろし） ──────── 小さじ1
| レモン汁 ──────── 小さじ1
| EXバージン オリーブオイル ─ 大さじ3

| 下準備 |

Aは混ぜ合わせておく。

| 作り方 |

1 にんじんはスライサーなどでせん切りにし、塩少々（分量外）をもみ込み、5分ほどおいて水分を絞る。

2 キャベツは1cmほどの角切りにする。

3 ボウルなどに**1**、**2**、混ぜ合わせた**A**を入れて手でよくもみ込み、30分ほど冷蔵庫でおく。

Pairing
白ワイン、スパークリングワイン

カリフラワーのアンチョビバター

蒸し焼きにしたカリフラワーにアンチョビバターを絡めれば、
それだけでワインによく合うおつまみの完成。

| 材料 | 4人分 |

| カリフラワー ———— 1株（350g）

| | アンチョビフィレ
| | ———— 2〜3枚（15g）
| | ニンニク ———— 1片
A | バター（有塩）— 20g
| | 赤唐辛子 ———— 1本
| | タイム（ローズマリーでも可）
| | ———— 1本
| | レモン汁 ———— 小さじ1
| 白ワイン ———— 大さじ1
| EXバージンオリーブオイル
| ———— 大さじ2

| 作り方 |

1 カリフラワーは食べやすい大きさに切る。アンチョビは包丁で叩き、ペースト状にする。ニンニクはみじん切りにする。赤唐辛子はヘタと種を除く。

2 フライパンにオリーブオイルをひいて中火にかけ、カリフラワーを入れ、上から白ワインをかけてフタをし、3分蒸し焼きにする。

3 フタをあけて**A**を入れ、バターが溶けてきたらフライパンを傾けながらスプーンでオイルバターをすくい、カリフラワーにかけながら2〜3分焼く。

Pairing
白ワイン、軽めの赤ワイン、
オレンジワイン、ロゼワイン

マッシュルームのパテ

レバーパテに引けを取らない濃厚な味わい。
煮込んだあと、30分ほどおくと味がなじみ、よりおいしく仕上がります。

| 材料 | 4人分 |

マッシュルーム（ブラウン）
——————————100g
玉ねぎ —————— 40g
ニンニク ————— 1片
EXバージンオリーブオイル
——————————大さじ1
バター（有塩）————20g
A | 白ワイン ———— 大さじ2
　| 塩 ————————ひとつまみ
　| こしょう ———— 適量
生クリーム ————— 50㎖
バゲット ———————適宜
粗挽き黒こしょう —— 適宜
イタリアンパセリ —— 適宜

| 作り方 |

I 玉ねぎ、ニンニクはみじん切りにする。マッシュルーム
は石づきの先を落として薄切りにする。

2 フライパンにオリーブオイルとバターを入れて弱火に
かけ、バターが溶け出したら玉ねぎとニンニクを入れる。
2分ほど炒めたら、マッシュルーム、**A**を入れてフタを
し、10分煮込む。

3 火を止め、ボウルなどに移して生クリームを入れ、ブ
レンダーやフードプロセッサーにかけてなめらかにする。
再度フライパンに移し、フタをあけたまま水分が少なく
なりもったりとなるまで煮込む。

4 お好みでバゲットに塗り、粗挽き黒こしょう、イタリア
ンパセリを添える。

Pairing
赤ワイン、
白ワイン、
スパークリングワイン

グリーンアスパラガスの冷製スープ

グリーンアスパラガスとアボカドのほろ苦さが白ワインとマッチ。
美容効果や疲労回復効果も期待できます。

| 材料 | 4人分 |

グリーンアスパラガス	200g
アボカド	1個

A
水	200mℓ
牛乳	200mℓ
塩	小さじ¼
レモン汁	小さじ1

| 粗挽き黒こしょう | 適量 |

| 作り方 |

1 アスパラガスは根元の硬い部分を少し切り落とし、根元から⅓ほどピーラーでむいて半分に切る。アボカドは皮をむいて種を取り、ひと口大に切る。

2 鍋に水200mℓ（分量外）を入れて中火にかけ、沸騰したら塩ひとつまみ（分量外）とアスパラガスを入れる。2分ゆでたらザルにあげ、2cm長さに切る。

3 アスパラガス、アボカド、**A**をブレンダーにかける。

4 **3**を鍋に入れて中火にかけ、5分ほど煮込み、冷蔵庫で1時間ほど冷やす。皿に盛り、粗挽き黒こしょうをふる。

[**Pairing**
白ワイン]

忙しい日でも
安心の
パパッと
おつまみ

「和えるだけ、フライパン1つ、鍋に入れてほうっておくだけ」など、手軽な調理法で作れるおつまみです。凝った料理を作る時間や気力はないけれど、おいしいおつまみとお酒を楽しみたいという日にぜひお試しください。

アンチョビホイップバター

口の中でふわっと溶けるホイップ食感がポイント！
ふわふわのパンはもちろん、蒸したじゃがいもやお肉のソテーにもおすすめ。

| 材料 | 2人分（作りやすい量） |

アンチョビフィレ —— 4〜6枚
バター（有塩） ———— 100g
生クリーム ————— 100㎖

| 下準備 |

バターは常温に戻す。

| 作り方 |

1 ボウルに生クリームを入れ、ハンドミキサーで全体にとろみがつき、持ち上げるとゆっくり落ちるくらいの7分立てにする。

2 泡立て器でバターをなめらかになるまで混ぜる。

3 アンチョビフィレはみじん切りにし、すべての材料を混ぜ合わせる。

1

Pairing
白ワイン、スパークリングワイン、
ロゼワイン

Memo
保存容器に入れ、冷蔵庫で2日
ほど保存可能。

グリルカマンベールチーズのディップ

グリルしてとろりとするまで焼いたカマンベールに、ミックスナッツを加えて香ばしさをプラス。お酒が無限に進む、最高のおつまみの完成です。

| 材料 | 2〜3人分 |

カマンベールチーズ —— 1個
ミックスナッツ（素焼き）— 20g
EXバージンオリーブオイル
———————— 大さじ1
粗挽き黒こしょう ——— 適量
バゲット —————— 適量

| 下準備 |

ミックスナッツはフライパンで乾煎りし、麺棒で粗く砕くか包丁で粗く刻む。

| 作り方 |

I カマンベールチーズは表面を切り落とし、オーブン、トースター、グリルなどで表面が溶けてグツグツなるくらいまで焼く。

2 ミックスナッツをのせてオリーブオイルを回しかけ、粗挽き黒こしょうをふる。バゲットにのせていただく。

I

$$\boxed{\begin{array}{c} \textbf{Pairing} \\ \text{スパークリングワイン、白ワイン} \end{array}}$$

069

生ハムの薬味巻き

切った薬味を生ハムで巻くだけのスピードおつまみ。生ハムの塩気を活かし、
調味料はオリーブオイルだけで十分おいしく仕上がります。

| 材料 | 2人分 |

生ハム ———————— 50g
大葉 —————————— 10枚
茗荷 —————————— 2本
長ねぎ（白い部分）—— 10cm
EXバージンオリーブオイル
———————————— 大さじ1/2

Pairing
ビール、白ワイン、
オレンジワイン、ロゼワイン、
日本酒

| 作り方 |

I 大葉はせん切りにして水にサッとさらし、ザル
にあげる。茗荷は縦半分に切り、縦に薄切りに
する。5分ほど水にさらし、ザルにあげる。長
ねぎは白髪ねぎにし、5分ほど水にさらし、ザ
ルにあげる。

2 生ハムで大葉、茗荷、
白髪ねぎを巻く。皿
に盛り、オリーブオ
イルをかける。

I

ねぎチーズしらすのアヒージョ

とろとろの甘いねぎに、しらすの旨みと香ばしいチーズが絶妙にマッチ。
残ったねぎオイルは、炒め物や和え物などさまざまな料理に活用できます。

| 材料 | 4人分 |

長ねぎ（白い部分）—— 2本
釜揚げしらす ———— 30g
ニンニク ————— 2片
粉チーズ ————— 大さじ2〜3
EXバージンオリーブオイル
———————— 100mℓ
粗挽き黒こしょう —— 適量

| 作り方 |

1 長ねぎは洗い、白い部分を2
cmの長さに切る。ニンニクは
薄切りにする。

2 スキレットまたはフライパン
にねぎを敷き詰め、隙間にニ
ンニクを挟む。オリーブオイ
ルを入れ、上に釜揚げしらす
をのせ、粉チーズをふる。

3 弱火で長ねぎが柔らかくなる
まで5分ほど煮込み、仕上げ
に粗挽き黒こしょうをふる。

> **Memo**
> 釜揚げしらすは減塩ではないも
> のを使用する。

Pairing
白ワイン、スパークリングワイン、
ロゼワイン

Pairing
白ワイン、スパークリングワイン、ロゼワイン、オレンジワイン

柿とアボカド、生ハムの
チーズ春巻き2種

柿やおつまみに合う食材を使った、新感覚のおつまみ春巻き。
具材を切って巻いて揚げるだけで、パパッと作ることができます。

| 材料 | 4人分（10本）|

春巻きの皮	10枚
柿	1個
アボカド	½個
カマンベールチーズ	1個（125g）
生ハム	5枚
スライスチーズ（とろけるタイプ）	5枚
A 薄力粉	大さじ1
水	大さじ1
EXバージンオリーブオイル	適宜

> Memo
> 具材は春巻きの形に合わせて切ると巻きやすい。

| 作り方 |

1 柿、アボカド、カマンベールチーズは巻きやすい形に切る。

2 アボカド、スライスチーズを⅕量ずつ生ハムで巻き、さらに春巻きの皮で包み、混ぜ合わせた**A**で巻き終わりをとめる。これを5個作る。

3 残りの春巻きの皮に柿とカマンベールチーズを⅕量ずつ巻き、混ぜ合わせた**A**で巻き終わりをとめる。

4 鍋に春巻きが⅔浸かるくらいオリーブオイルを入れて160度に熱し、表面がきつね色になるまで揚げる。

1

2

ラムレーズンとクリームチーズの春巻き

パリッと揚がった春巻きの中からチーズがとろ～り。
ラムレーズンの芳醇な香り漂う大人のデザートおつまみです。

Memo
- レーズンは戻す際、600Wの電子レンジで15秒加熱すると早く戻る。
- 春巻の皮はチーズが流れないようにピッタリと巻く。

Pairing
白ワイン、スパークリングワイン、
ロゼワイン、オレンジワイン

| 材料 | 2人分（5本分） |

春巻きの皮	5枚
レーズン（オイルコーティングなし）	40g
ラム酒	適量
クリームチーズ	100g
A 薄力粉	大さじ1
A 水	大さじ1
EXバージンオリーブオイル	適量
はちみつ	適量

| 下準備 |

クリームチーズは常温に戻す。
レーズンにラム酒をひたひたになるまで入れ、柔らかくなるまで1時間以上おく。

| 作り方 |

1 レーズンはラム酒（水分）を切り、クリームチーズと合わせ混ぜる。

2 **1**を1/5量ずつ春巻きの皮で包み、混ぜ合わせた**A**で巻き終わりをとめる。

3 フライパンに1cmほどの深さまでオリーブオイルを入れて180度に熱し、温まったら**2**を入れる。全体がきつね色になったら油を切る。皿に盛り、お好みではちみつをかける。

ブロッコリーの揚げないチーズフリット

ブロッコリーにオリーブオイルを浸し、粉チーズをまぶして蒸し焼きに。
ヘルシーなのに、油で揚げたかのような香ばしさも感じられます。

| 材料 | 4人分 |

ブロッコリー ―――― ½株（150g）
EXバージンオリーブオイル ― 50㎖
粉チーズ ――――― 40g
ニンニク ――――― 2片
粗挽き黒こしょう ― 適量

| 作り方 |

1 ボウルにたっぷりの水（分量外）を入れてブロッコリーを逆さにし、回転させながらふり洗いする。水を変えて何度か洗い、しっかり水気を切る。

2 **1**を小房に切り、茎側を持ち逆さにして緑のつぼみ側をオリーブオイルに浸し、粉チーズをまぶす。ニンニクはうす切りにする。

3 フライパンに**2**のつぼみを下にして並べ、中火で熱し、音がしたらニンニクを隙間に入れ、フタをして2分蒸し焼きにする。フタをあけ、ひっくり返しながら全体に焼き色がついたら粗挽き黒こしょうをふる。

> **Memo**
> ● 途中ニンニクが焦げそうならブロッコリーの上にのせるなどする。
> ● 茎は今回使わないので、別の料理で活用してください。

Pairing
白ワイン、ロゼワイン、
スパークリングワイン、ビール

きゅうりの夏アヒージョ

シャキッとくたっと、きゅうりの両方の食感が楽しめます。
隠し味の塩こんぶが、間違いのないおいしさに調えてくれます。

Memo

- スキレットの代わりにフライパンでもよい。
- 塩こんぶは商品によって塩分量が異なるので、味見して調整する。

Pairing
白ワイン、スパークリングワイン、
ロゼワイン、ビール

| 材料 | 2人分 |

鶏もも肉 ————— 100g
きゅうり ————— 1本
マッシュルーム（ブラウン）
————— 6個
ニンニク ————— 1片
赤唐辛子 ————— 1本
塩こんぶ ————— 15g
EXバージンオリーブオイル
————— 80mℓ
バゲット ————— 適宜

| 作り方 |

1 きゅうりはヘタを落とし、乱切りにする。マッシュルームは汚れがあれば拭き取り、軸の先を切り落とし、半分に切る。鶏肉は食べやすい大きさに切る。ニンニクは薄切りにする。赤唐辛子はヘタと種を除く。

2 スキレットにオリーブオイルと鶏肉を入れて中火で熱し、グツグツしてきたら残りの**1**と塩こんぶを入れる。

3 弱火にし、何度か混ぜながら5分ほど煮る。お好みでバゲットにのせる。

トマトの卵炒め

ふっくら焼いた卵にサッとトマトを混ぜ合わせれば
さっぱりジューシーなスピードおつまみの完成！

| 材料 | 2人分 |

トマト —————— 1個（200g）
卵 ————————— 2個

A
マヨネーズ —— 大さじ1
砂糖 ————— 小さじ½
塩 ————————— ひとつまみ
こしょう ——— 少々

EXバージンオリーブオイル
————————— 大さじ1と½

| 作り方 |

I トマトはヘタを取り、くし形に切る。

2 ボウルに卵を割り入れてよく混ぜ、**A**を
加えてさらによく混ぜる。

3 フライパンにオリーブオイルを入れて強
火で熱し、**2**を入れる。10秒ほどしたら
ざっくりかき混ぜてトマトを入れ、卵が
半熟になったら火を止める。

Pairing
白ワイン、スパークリングワイン、ロゼワイン

Memo
- フライパンに入れた卵は混ぜす
  ぎず、ゴロッと混ぜると半熟に
  仕上がる。
- トマトを入れてからはサッと混
  ぜて火を止めるのがポイント。

生ピーマンのそぼろオイルダレ

ピーマンは氷水に浸けることでシャキッと甘くなり、おいしさアップ！
旨みたっぷりの合挽き肉オイルダレをかけて召し上がれ。

| 材料 | 2人分（作りやすい量） |

| 合挽き肉 | 100g |
| ピーマン | 5個 |

A
ニンニク	1片
ショウガ	8g
ごま油	大さじ3

B
ナンプラー	大さじ½
白だし	小さじ1
酒	大さじ1

| 作り方 |

1 ピーマンは縦半分に切り、ヘタと種を除く。氷水（分量外）に浸けて10分おき、水気を拭く。

2 ニンニク、ショウガはみじん切りにする。フライパンに**A**を入れて弱火で熱し、香りが出てきたら**B**と合挽き肉を入れ、ほぐしながらカリッとなるまでじっくり5〜6分炒める。

3 皿にピーマンを盛り、上から熱々の**2**をかける。

Memo
合挽き肉はじっくりカリッとなるまで炒める。

Pairing
白ワイン、オレンジワイン、
ロゼワイン、ビール

鶏ささみのおろし薬味餡

しっとり柔らかなささみ肉に、とろりとした餡をかけたほっとする味。
ヘルシーなので、ダイエット中のおつまみにもおすすめです。

| 材料 | 2〜3人分 |

鶏ささみ肉 ——— 2本（150g）
大根 ——— 100g
大葉 ——— 10枚
片栗粉 ——— 大さじ1〜2
水 ——— 200ml
白だし ——— 大さじ½
しょうゆ ——— 小さじ1
ごま油 ——— 小さじ1

| 作り方 |

1 大葉はせん切りにする。大根
はすりおろして水分を軽く絞
る。鶏ささみ肉は筋を取り除き、
斜め削ぎ切りにして片栗粉を
まぶす。

2 鍋に水を入れ弱火にかける。
ふつふつしてきたら2〜3枚
ずつ鶏肉を入れ、色が変わり、
火が通れば取り出す。

3 **2**の残りの湯100mlに白だし、
しょうゆ、ごま油を入れて混ぜ、
火を止める。皿に鶏肉を盛っ
て餡をかけ、**1**の大根おろし、
大葉をのせる。

Pairing
[白ワイン、日本酒]

Pairing
白ワイン、ロゼワイン、軽めの赤ワイン、スパークリングワイン

茄子の唐揚げ
～クリームチーズ&生ハムと～

ビールとの相性抜群の茄子の唐揚げですが、今回はクリームチーズと
生ハムを合わせることで、ワインにも合うおしゃれなおつまみに仕上げました。

| 材料 | 4人分 |

茄子	300g
A めんつゆ（3倍濃縮）	大さじ2
水	大さじ1
ニンニク（すりおろし）	小さじ1
片栗粉	大さじ3
EXバージンオリーブオイル	適量
生ハム	80g
クリームチーズ	50g

Memo
めんつゆストレートの場合は（大さじ6／水なし）、2倍濃縮の場合（大さじ3／水大さじ½）で調節する。

| 作り方 |

1 ボウルに**A**を入れて混ぜる。

2 茄子は縦半分に切り、内側に切り込みを入れ、大きめの乱切りにして**1**に入れ、ときどき混ぜながら15分漬ける。

3 茄子の水分をキッチンペーパーで拭き取り、片栗粉をまぶす。

4 フライパンに茄子が半分浸かるくらいのオリーブオイルを入れて火にかけ、全体に揚げ色がつき、カラッとするまで揚げて油を切る。

5 茄子にクリームチーズをのせ、生ハムを巻いていただく。

豆腐の明太ソース

ごま油で炒めた香ばしい明太子と小ねぎを豆腐にのせれば、
いつもの冷奴がお酒によく合うおつまみにアップデートできます。

| 材料 | 2人分 |

絹ごし豆腐 ——— ½丁（175g）
明太子 ————— 20g
小ねぎ ————— 10g
大葉 —————— 10枚
ごま油 ————— 大さじ1と½

Memo
炒める際、明太子が跳ねやす
いので弱火で混ぜながら火を
入れる。

Pairing
ビール、日本酒

| 作り方 |

I 豆腐は水を切り、半分に切る。明太子は切り込みを入れ、包丁で身を取り出す。小ねぎは小口切りにする。大葉はせん切りにして水にさっとさらす。

2 フライパンにごま油、明太子、小ねぎを入れて弱火で熱し、明太子の色が変わったら火を止め、豆腐の上にかけ、大葉をのせる。

ツナとセロリのサラダ

セロリのシャキシャキ感と爽やかさがクセになるサラダです。
粒マスタードと粗挽き黒こしょうを効かせれば、ワインとの相性も格別。

| 材料 | 2人分 |

セロリ —————— 1本
ツナ（油漬け）—— 1缶（70g）
塩 —————————— ひとつまみ

A
| EXバージンオリーブオイル
—————— 大さじ½
| マヨネーズ —— 大さじ1
| 粒マスタード — 小さじ1

粗挽き黒こしょう — 少々

| 作り方 |

1 セロリは葉と茎の間で半分に
切り分け、葉の周りの茎も切
り分ける。茎は細いほうから
根元に向けて包丁で筋を取る。
茎は斜め薄切り、葉はざく切
りにする。

2 ボウルに**1**、塩を加えてもみ
込み、5分ほどおいてから水
分を絞る。

3 **2**に油を切ったツナ、**A**を入
れて混ぜ、皿に盛り、粗挽き
黒こしょうをふる。

1

[
Pairing
白ワイン、スパークリングワイン
]

トマトと大葉のマリネ

切ってマリネ液で和えるだけなので、とっても簡単。
冷蔵庫でひんやり冷やして、さっぱりと召し上がれ。

| 材料 | 2人分（作りやすい量） |

| トマト | 2個（250g） |
| 大葉 | 10枚 |

	EXバージンオリーブオイル
	大さじ1
A	酢	大さじ½
	砂糖	小さじ1
	塩	ひとつまみ

| 作り方 |

1 トマトは横半分に切り果肉に
当たらないところに包丁を入
れて食べやすい大きさに切る。
大葉は1cmの角切りにする。

2 ボウルに**A**を入れてよく混ぜ、
トマトと大葉を加えて混ぜる。
冷蔵庫で30分ほど冷やして
いただく。

> **Pairing**
> 白ワイン、
> スパークリングワイン

万能作りおき鶏肉ラー油

ごはんはもちろん、麺にトッピングしても野菜にディップしても
おいしい万能ダレ。辛さはお好みで調節してください。

| 材料 | 4人分（作りやすい量）|

鶏ひき肉（鶏もも肉や鶏むね肉でも可）
———————————— 300g
玉ねぎ ———————— 小½個（40g）
ニンニク ———————— 2片
ごま油 ———————— 150㎖

A
┃ 粗挽き唐辛子 — 大さじ3
┃ しょうゆ ———— 大さじ½
┃ 塩 ————————— 小さじ1
┃ 炒りごま(白) — 大さじ½
┃ 粗挽き黒こしょう- 少々

| 作り方 |

1 玉ねぎとニンニクはみじん切りにする。

2 フライパンにごま油を入れてニンニクを弱火で熱し、香りが出たら玉ねぎを入れ、しんなりするくらいまで5分ほど火を通す。

3 ひき肉を入れ、パラパラになるように菜箸で混ぜながら火を通す。**A**を加え、全体が混ざり合ったら火を止める。

〉 Memo
日持ちさせたいときは、煮沸消毒した瓶に入れ、
具材がしっかりオイルで浸かるくらいまでごま油
を足す。1週間ほど冷蔵庫で保存可能。

Pairing
ビール、
ハイボール

たっぷりきのこのオイル漬け

ピリッと辛いきのこと、きのこの旨みが溶け出したオイルが美味。
オイルごとサラダや炒め物に使うなど、アレンジも無限に広がります。

| 材料 | 4人分（作りやすい量） |

マッシュルーム
　　（お好みのきのこでも可）—— 600g
ニンニク —————— 2片
塩 ——————— 小さじ1
　┌ 唐辛子 ——— 2本
　│ ローリエ ——— 2枚
A│ 粒黒こしょう — 大さじ½
　│ EXバージンオリーブオイル
　└ ————— 適量

| 作り方 |

1 ニンニクは薄くスライスし、マッシュルームは3mmほどの厚さにスライスする。

2 フライパンにオリーブオイル大さじ½（分量外）を入れて弱火にし、ニンニクを入れ、香りが出たらマッシュルームと塩を入れてしんなりするまで炒める。

3 保存容器にマッシュルーム、ニンニク、**A**を入れ、きのこがしっかり浸かる高さまでオリーブオイルを注ぎ入れ、冷蔵庫で保存する。

Memo
きのこを炒めた油や汁も入れてよいが、漬けるオリーブオイルは、必ず最後にきのこが漬かるまで注ぎ入れる。

Pairing
白ワイン、スパークリングワイン、ロゼワイン、日本酒

深夜に食べても罪悪感なしのヘルシーおつまみ

夜遅い時間の晩酌タイムでも安心して食べられる、お肉や野菜をメインにした低糖質なおつまみを集めました。ワインはもちろん、ビールや焼酎にも合うラインナップになっているので、お酒とのペアリングも楽しめます。

にんじんとグレープフルーツのラペ

副菜で人気のにんじんのラペに、グレープフルーツを加えて爽やかに。
彩り鮮やかで食卓を華やかに彩ってくれます。

| 材料 | 4人分 |

にんじん ―――――― 1本（200g）
グレープフルーツ ―― 1個

A
EXバージンオリーブオイル
―――――― 大さじ2
はちみつ ――― 小さじ1
塩 ――――― ひとつまみ
粗挽き黒こしょう
――――――― ひとつまみ

| 作り方 |

I にんじんはスライサーで細切りにし、塩ひとつまみ（分量外）を入れてもみ込む。5分ほどおき、出てきた水分は絞る。グレープフルーツは身を取り出し、薄皮に残った水分を絞る。

2 ボウルに**A**を入れてよく混ぜ、にんじん、グレープフルーツを**I**で絞った果汁ごと入れて混ぜ合わせる。

I

Pairing
白ワイン、スパークリングワイン、
ロゼワイン、オレンジワイン

玉ねぎのロースト

皮つきの玉ねぎを、そのままオーブンで香ばしく焼き上げました。
ローストした玉ねぎの香ばしさと甘みがクセになるおいしさです。

| 材料 | 2人分 |

玉ねぎ ——————— 1個（250g）
パルミジャーノレッジャーノ
———————— 大さじ2
EXバージンオリーブオイル
————————— 大さじ1
粗挽き黒こしょう —— 少々

| 作り方 |

1 玉ねぎは皮のままよく洗い、芯を残して根だけを切る。玉ねぎの半分の高さあたりまで十字に切り込みを入れ、ホイルで包む。

2 200度に予熱したオーブンで40分ほど焼く。皿に盛り、上からオリーブオイル、パルミジャーノレッジャーノ、粗挽き黒こしょうをふる。

I

> Memo
> 食べるとき、玉ねぎの皮は取り
> 除く。

Pairing
白ワイン、スパークリングワイン、ロゼワイン

Pairing
白ワイン、スパークリングワイン

かぼちゃのレモンサラダ

マヨネーズを使わず、オリーブオイルとレモンでヘルシーに。
かぼちゃの甘味とカッテージチーズの酸味がワインによく合います。

| 材料 | 2人分 |

かぼちゃ ———————— 180g
くるみ（素焼き）———— 20g
レーズン ——————— 20g
カッテージチーズ ——— 50g
レモン ———————— 1/3個

A
EXバージンオリーブオイル ———— 大さじ2
粒マスタード ——— 小さじ1
はちみつ ——— 小さじ1
塩 ——— ひとつまみ

粗挽き黒こしょう ——— 適量

| 下準備 |

Aは混ぜ合わせておく。
くるみは包丁で粗く刻む。
レモンは塩（分量外）をまぶしてよく
擦り水で洗う。皮の部分はすりおろし、
果肉は絞る。

Memo
レモンは皮ごと使うので、できれ
ば無農薬のものがおすすめ。

| 作り方 |

I かぼちゃはよく洗い皮つきのままひと口大に切る。鍋にか
ぼちゃと浸かるくらいの水（分量外）を入れて中火にかけ、
竹串などがすっと入るくらいまで5分ほどゆでる。

2 ボウルに**I**のかぼちゃを入れ、フォークで粗くつぶす。

3 **2**に**A**、レモンの皮と汁を入れて混ぜる。くるみ、レーズン、
カッテージチーズは手でちぎりながら加え、ざっくり混ぜ
合わせる。皿に盛り、粗挽き黒こしょうをふる。

パプリカのアンチョビマリネ

パプリカは焼くことで甘みがアップ。
マリネ液が染みてトロッとした食感が楽しめます。

> Memo
> パプリカは真っ黒になるまでグリルする
> ことで、皮がはがしやすくなる。

| 材料 | 2人分 |

パプリカ —————— 1個（150g）

A
アンチョビフィレ —— 4枚
EXバージンオリーブオイル
————————— 大さじ1
酢 ————————— 大さじ1
はちみつ ————— 小さじ1
粗挽き黒しょう —— 適量

| 作り方 |

1 アンチョビフィレはみじん切りにし、ボウルに**A**を入れて混ぜる。

2 パプリカは洗い、丸ごと網にのせて全面が焦げるくらいまで転がしながら焼く。

3 水に取って焦げた皮部分をはがす。半分に切ってヘタと種を取り除き、1〜2cm幅の細切りにする。

4 **1**で作ったマリネ液に**3**を入れて混ぜ合わせ、冷蔵庫で1時間以上おく。

2

Pairing
白ワイン、スパークリングワイン、
ロゼワイン、オレンジワイン

きゅうりと新ショウガの浅漬け

味つけは塩麹と酢の2つだけ。さっぱりしているので、
こってり系のメイン料理の副菜として大活躍してくれます。

| 材料 | 2人分 |

きゅうり	———	2本
新ショウガ	———	80g
塩	———	小さじ1
塩麹	———	大さじ1½
酢	———	大さじ1
ごま油	———	適量

| 作り方 |

1 きゅうりはめん棒などで叩き、手で割る。ボウルに入れて塩をなじませて5分おき、さっと水で洗い水分を絞る。

2 新ショウガは繊維に沿ってせん切りにする。

3 ジップバックなどに**1**、**2**、塩麹、酢を入れてもみ込み、冷蔵庫で1時ほど冷やす。お好みでごま油をかける。

Memo
塩麹は商品によって塩分量が異なるので、使用する塩麹の塩分量によって量を調整する。

Pairing
ビール、ハイボール、日本酒

鶏ささみときゅうりの中華風

代表的な中華調味料、五香粉を使うことで、一気に本格中華の味わいに！
ピリッと辛い新ショウガがアクセントになっています。

| 材料 | 4人分 |

鶏ささみ肉	120g
きゅうり	1本
新ショウガ	50g
酒	大さじ1
塩	少々
A 塩麹	小さじ1
（塩ひとつまみで代用可）	
しょうゆ	小さじ1
砂糖	小さじ1
ごま油	大さじ3
五香粉（ごこうふん）	小さじ1
味つけのり	5枚

| 作り方 |

1 小さめの鍋に水200㎖（分量外）、酒、鶏ささみ肉を入れて弱火で熱し、沸騰したら2分ほどゆでる。そのまま10分おき、筋を取り食べやすい大きさに手で割く。新ショウガは繊維に沿ってせん切りにする。

2 きゅうりは麺棒などで叩いて食べやすい大きさに割り、塩をふって5分おいたら軽く絞る。

3 鍋に**A**を入れて弱火で熱し、沸騰したら火を止める。熱いうちに**1**、**2**を入れて混ぜ、冷めたら冷蔵庫で1時間ほど冷やす。

4 器に盛り、味つけのりをちぎって散らす。

〜 Memo
- 新ショウガはお好みで量を調節する。
- 鶏ささみ肉は、ゆでてから10分おいたら、中まで火が通っているか確認する。

Pairing
ビール、ハイボール、焼酎

砂肝と長ねぎの居酒屋風

砂肝は高たんぱく低糖質でお財布にも優しい家庭の味方！
香ばしいごま油と粗挽き黒こしょうのスパイスで、お酒が進みます。

| 材料 | 4人分 |

砂肝	300g
長ねぎ（白い部分）	1本
水	250㎖
酒	大さじ2

A		
	酢	大さじ2
	しょうゆ	大さじ2
	砂糖	小さじ2
	ごま油	大さじ1
	粗挽き黒こしょう	適量

| 糸唐辛子 | 適宜 |

| 作り方 |

I 長ねぎは斜め薄切りにする。砂肝は銀皮の端に竹串を浅く刺し、竹串で引き裂く。銀皮の端をキッチンペーパーでつまんではがし、薄くスライスする。

2 鍋に水と酒を入れて中火にかけ、沸騰したら砂肝を入れて2分ほどゆでる。ザルにあげ、さっと水洗いする。

3 熱いうちに、ボウルなどで**A**と長ねぎを入れて混ぜ合わせ、冷蔵庫で30分ほど冷やす。器に盛り、お好みで糸唐辛子をのせる。

I

〉 **Memo**
〉 砂肝は薄くスライスしたほうが食
〉 感よく、味がなじみやすい。

Pairing
ビール、ハイボール、焼酎

Pairing
ビール、オレンジワイン、白ワイン、日本酒

茄子のとろとろソテー

じっくり焼いた、トロトロの茄子が絶品！
七味唐辛子をたっぷりかければ、たちまちお酒によく合うおつまみに変身します。

| 材料 | 2人分 |

茄子 ——————————— 1本
EX バージンオリーブオイル —— 大さじ 2
しょうゆ ————————— 大さじ½
七味唐辛子 ——————— 適量

| 作り方 |

1 茄子は1cm幅ほどの輪切りにする。

2 フライパンにオリーブオイル大さじ1を入れて中火で熱し、茄子全体が油を吸うように移動させながらフライパンに入れ、火を弱火に落としてじっくり焼いていく。片面に焼き色がついたらいったん取り出す。

3 残りのオリーブオイルを入れ、茄子の焼いていない側を下にしてフライパンに戻す。再度、油が茄子全体になじむように移動させ、焼き色がつくまで焼く。

4 全体にしょうゆをスプーンなどで茄子にかかるように回し入れ、サッと絡めて火を止める。皿に盛り、七味唐辛子をふる。

Memo
- しょうゆは少なめにしているので、七味唐辛子を使わない場合はしょうゆを足して調整する。
- すぐ焼かない場合は、茄子を水にさらしておく。

ヘルシー旨いキャベツしゅうまい

しゅうまいの皮の代わりにキャベツをまぶした、
ヘルシーなのにボリュームも満点のひと品！

| 材料 | 4人分 |

合挽き肉	200g
キャベツ	160g
玉ねぎ	80g
ニンニク	1片
ショウガ	6g
卵	1個
塩	ひとつまみ
こしょう	少々

| 作り方 |

1 キャベツは粗みじん切りにし、玉ねぎ、ニンニク、ショウガはみじん切りにする。

2 ボウルにキャベツ以外の材料を入れて粘りけが出るまで混ぜ、ゴルフボール大に丸め、キャベツを周りに握るようにまぶす。

3 蒸し器に水(分量外)を入れて中火で熱し、沸騰したら**2**を入れ、肉に火が通るまで10分ほど蒸す。

Memo

- 蒸し器を使わず電子レンジで加熱する場合は、肉に火が通るまで600Wの電子レンジで7分ほど加熱する。
- お好みでポン酢やからししょうゆなどをつける。

Pairing
ビール、ハイボール、
白ワイン

ブロッコリーのチーズガレット

おいしくって栄養もたっぷり。彩りもキレイなので、
おつまみとしてはもちろん、お弁当のおかずにもおすすめです。

| 材料 | 2人分 |

ブロッコリー —————— 1株（230g）

A {
シュレッドチーズ —— 80g
片栗粉 ————————— 大さじ1
水 ——————————— 大さじ1
粗挽き黒こしょう —— 少々
}

EXバージンオリーブオイル
——————————— 大さじ1

| 作り方 |

I ボウルに水適量（分量外）を入れて
ブロッコリーは逆さにし、茎を持
ち回転させながら何度かふり洗い
をする。ブロッコリーは茎の硬い
部分は除き、房と茎はざく切りに
する。

2 ボウルにブロッコリーと**A**を入れ
て混ぜる。

3 フライパンにオリーブオイルを入
れて中火にかけ、**2**を入れて平
らにならし、フタをして3分焼く。
フタをあけて裏返し、フライ返し
などで押しつけながら焼き色がつ
くまで焼く。

Memo
- チーズの重みで焼くと2層になる。
- 工程**3**で裏返すときは、皿などを使う
と便利。
- ケチャップなどをつけてもおいしい。

Pairing
白ワイン、スパークリングワイン、
ロゼワイン、ビール

簡単デリ風豆サラダ

たんぱく質と野菜が一緒に摂れるヘルシーサラダ。
生ハムの代わりに、ツナ缶や魚介を使ってもおいしく食べられます。

| 材料 | 4人分 |

ひよこ豆(乾燥) ——— 120g
生ハム ——————— 50g
セロリ ——————— 100g
玉ねぎ ————— ½個 (120g)

A
EXバージンオリーブオイル
——————— 100mℓ
白ワインビネガー (酒でも可)
——————— 大さじ3
塩麹 ————— 大さじ1
(塩小さじ½で代用可能)
はちみつ ——— 大さじ½
ニンニク (すりおろし)
——————— ½片分
粗挽き黒こしょう ——— 適宜

| 作り方 |

I 大きめの鍋にたっぷりの水 (分量外)、ひよこ豆を入れて中火で熱し、フタをして40分ほど柔らかくなるまでゆで、ザルにあげる。

2 セロリの茎は筋を取り、斜めに薄切りにし、葉の部分はザク切りにする。塩少々 (分量外)をふって3分ほどおき、水分を軽くしぼる。玉ねぎは繊維に沿って薄切りにし、ザルに広げて30分ほどおく。生ハムは食べやすい大きさに切る。

3 ボウルに**A**を入れてよく混ぜ、**I**、**2**を入れてよく和えて冷蔵庫で30分以上冷やす。

4 皿に盛り、お好みで粗挽き黒こしょうをふる。

| 下準備 |

ひよこ豆 (乾燥)はたっぷりの水(分量外)にひと晩浸けて戻す。

Memo
- そのまま使える豆を使用する場合は300g用意し、使う前にレンジで温める。
- 冷蔵庫で冷やすとより味がなじんでおいしく仕上がる。

Pairing

白ワイン、
スパークリングワイン、
ロゼワイン

レーズンと鶏ささみのマリネ

美容効果の高いレーズンを甘み代わりに使い、糖質をオフ。
さっと出せる前菜として作りおきしておくのもおすすめです。

| 材料 | 2人分 |

鶏ささみ肉————120g（2本）
レーズン————30g
玉ねぎ————70g
セロリ————70g

A
酒————大さじ½
塩————ひとつまみ

B
EXバージンオリーブオイル
————大さじ1
白ワインビネガー（酢でも可）
————大さじ1
塩————ひとつまみ
はちみつ————小さじ1
粗挽き黒こしょう————少々

| 作り方 |

1 鍋に200mℓの湯（分量外）を入れて沸騰したら弱火にし、**A**と鶏ささみを入れる。3分ゆでたら火を止めて冷まし、筋を取り食べやすい大きさに割る。

2 玉ねぎは繊維に沿って薄切りにする。セロリの茎は筋を取り、斜め薄切りにする。葉はザク切りにし、塩少々（分量外）をふって3分ほどおき、水分を軽く絞る。

3 ボウルに**B**を入れて混ぜ、**1**、**2**、レーズンを入れて混ぜ、冷蔵庫で1時間ほど冷やす。

| 下準備 |

レーズンはたっぷりめのぬるま湯（分量外）に10分ほど浸けて戻し、水分を切る。

Memo
レーズンは戻す際、600Wの電子レンジで15秒ほど加熱すると、早く戻せる。

Pairing
白ワイン、スパークリングワイン、
ロゼワイン

旨みたっぷりラタトゥイユ

蒸し焼きにした野菜の旨みをぎゅっと凝縮。栄養価の高い緑黄色野菜が
たっぷり入っているので、野菜不足のときにぜひお試しください。

| 材料 | 2人分 |

ズッキーニ	½本（80g）
トマト	1個（200g）
パプリカ（黄色）	½個（90g）
茄子	1本（80g）
ニンニク	1片
塩	小さじ½
粗挽き黒こしょう	少々
水	50㎖
EXバージンオリーブオイル	大さじ2

Pairing
白ワイン、ロゼワイン、スパークリングワイン

| 作り方 |

1 茄子は5㎜幅の輪切りにし、水（分量外）に5分ほど浸ける。ズッキーニ、トマト、パプリカは5㎜の輪切り、ニンニクは薄切りにする。

2 フライパンにオリーブオイルとニンニクを入れて中火にかけ、香りが出てきたらズッキーニ、トマト、パプリカ、茄子、塩、粗挽き黒しょうを入れ2分ほど炒める。水を加え、フタをして8分蒸し焼きにする。

薬味の山椒オイルサラダ

せん切りにした薬味とピリッと辛い実山椒の熱々オイルソースが相性抜群。ビールとも白ワインともよく合う、絶品おつまみの完成です。

| 材料 | 2人分 |

| 長ねぎ（白い部分）—— 1本 |
| 茗荷 ————————— 2個 |
| 大葉 ————————— 10枚 |
| 新ショウガ ————— 30g |

A
| ごま油 ———— 大さじ2 |
| 塩 ————— ひとつまみ |
| 山椒（塩漬け）—— 大さじ1 |
| 　（粉山椒の場合は小さじ½） |
| ニンニク（すりおろし） |
| ————————— 小さじ1 |
| しょうゆ ——— 大さじ½ |
| 酢 ————— 大さじ½ |

| 作り方 |

1 大葉はせん切りにし、水にサッとさらしザルにあげる。茗荷は縦半分に切り、縦に薄切りにする。5分ほど水にさらしてザルにあげる。長ねぎは白髪ねぎにし、5分ほど水にさらし、ザルにあげる。新ショウガは皮つきのまません切りにし、すべてを皿に盛る。

2 フライパンに**A**を入れて中火にかけ、沸騰したら火を止め、**1**の上にかける。

Pairing
白ワイン、スパークリングワイン、ビール

いんげんのマリネ

さっぱりシンプルで飽きのこない味わい。
いんげんの素材のおいしさを引き立てる、私の一番好きな食べ方です。

| 材料 | 2人分 |

いんげん ——————— 10〜15本 (75g)
玉ねぎ (みじん切り) —— 大さじ 1 (20g)

A
EXバージンオリーブオイル
—————————— 大さじ 1
ニンニク (すりおろし)
—————————— 小さじ ½
レモン汁 (酢でも可) - 小さじ 1
砂糖 ——————————— 小さじ ½
塩 ———————————————— 少々
粗挽き黒こしょう —— 少々

| 作り方 |

1 いんげんは筋があれば取り、ヘタを揃えて 5mm ほど切り落とす。鍋に水 300㎖ (分量外) を入れて中火にかけ、沸騰したら 塩小さじ 1 (分量外) といんげんを入れて 1分30秒ほどゆでる。ザルにあげ、サッと冷水にさらす。冷めたら水分を切り、5cm の長さに切る。

2 玉ねぎと **A** をボウルに入れてよく混ぜ、いんげんを加えて和える。

Memo
• 合わせた調味料はしっかり混ぜる。
• 冷蔵庫で 1時間ほどおくとよりおいしい。

Pairing
白ワイン、スパークリングワイン

旬の食材を使った季節のおつまみ

そら豆やとうもろこし、柿や蕪など、四季折々の味覚を取り入れた、旬の味を堪能できるおつまみをご紹介します。旬の食材は、おいしさはもちろん栄養も満点。積極的に取り入れて、体と心にエネルギーをチャージしましょう。

そら豆とチーズのオムガレット

春が旬のそら豆を使ったお酒によく合うひと品。おつまみとしてはもちろん、ケチャップをかければ、子どもも大好きなおかずに大変身してくれます。

| 材料 | 2人分 |

そら豆 ——————— 100g（可食部）
卵 ———————————— 2個
シュレッドチーズ —— 60g
片栗粉（薄力粉でも可）
———————————— 大さじ1
塩・こしょう —————— 各少々
EXバージンオリーブオイル
———————————— 大さじ1

| 下準備 |

そら豆はおしりの部分に切り込みを入れ、たっぷりの湯（分量外）でゆでて、うす皮をむく。

| 作り方 |

1 ボウルにそら豆を入れて粗くつぶし、オリーブオイル以外の材料を入れて混ぜ合わせる。

2 フライパンにオリーブオイルをひいて中火で熱し、**1**を流し入れる。

3 3〜5分ほどして焼き色がついたら裏返し、もう片面も焼く。

Memo
- シュレッドチーズは溶けるチーズなら何でもOK。
- 多めの油で焼くと、外はカリッと、中はふんわりと焼き上がる。

Pairing
白ワイン、スパークリングワイン、軽めの赤ワイン、ロゼワイン

新じゃがのマヨなし和風ポテサラ

マヨネーズを使わず、しょうゆやみりん、かつお節などで味つけした和風ポテサラ。
出汁がじゅわっと染みて、あっさりなのにしみじみおいしい味わいです。

| 材料 | 4人分 |

| 新じゃがいも | 350g |
| 新玉ねぎ | ½個(70g) |

A	酒	大さじ½
	みりん	大さじ½
	しょうゆ	小さじ1

塩麹	大さじ½
(塩少々で代用可)	
水	300㎖
塩	小さじ1
酢	大さじ½
かつお節	15g
粗挽き黒こしょう	適宜

| 作り方 |

1 鍋に**A**を入れて火にかけ、沸騰したら
火を止め、塩麹を加えて混ぜる。

2 新じゃがいもは皮つきのままひと口大
に切る。新玉ねぎは繊維に沿って薄切
りにし、ザルに広げて空気にさらす。

3 鍋に水、新じゃがいも、塩を入れて中
火にかけ、新じゃがいもに竹串がすっ
と入るまでゆでる。ザルにあげ、鍋に
戻して中火にかけ、揺すりながら水分
を飛ばす。

4 **3**をマッシャーで粗めにつぶし、熱い
うちに酢を加えて混ぜる。**1**、新玉ねぎ、
かつお節を入れて混ぜ、お好みで粗挽
き黒こしょうをふる。

> **Pairing**
> ビール、白ワイン、日本酒

Pairing
白ワイン、スパークリングワイン、ビール

そら豆の春巻き

食べた瞬間ふわっと香るそら豆の香りが、春の訪れを感じさせてくれるひと皿。
具材の味を活かし、調味料はシンプルに仕上げました。

| 材料 | 4人分（10本）|

春巻きの皮	10枚	
そら豆	100g（薄皮つき）	
鶏ささみ肉	2本（120g）	
シュレッドチーズ	80g	
塩	少々	
粗挽き黒こしょう	少々	
A	水	300㎖
	塩	小さじ2
B	水	200㎖
	酒	大さじ1
C	薄力粉	大さじ1
	水	大さじ1
EXバージンオリーブオイル		適量
レモン		適宜
塩（仕上げ用）		適宜

Memo
- そら豆は冷凍を使ってもOK。
- チーズは溶けるタイプのものなら何でもよい。

| 作り方 |

I そら豆はおしり部分に切り込みを入れる。鍋に、**A**を入れて中火にかけ、沸騰したらそら豆を入れて3分ゆでる。ザルにあげて外皮をむく。ボウルに入れ、フォークで粗くつぶす。

2 鶏ささみ肉は筋を取る。鍋に**B**を入れて弱火にかけ、鶏ささみ肉を入れて3分ゆでる。火を止め、そのまま冷めるまでおき、食べやすい大きさに手で割く。

3 **I**のボウルに**2**、シュレッドチーズ、塩、粗挽き黒こしょうを入れて混ぜる。

4 春巻きの皮に**3**を1/10量ずつのせて包み、混ぜ合わせた**C**で巻き終わりをとめる。

5 フライパンに春巻きが半分ほど浸かる高さまでオリーブオイルを入れ、弱めの中火で熱し、油が熱くなる前に春巻きを入れる。裏返しながら全体がこんがり揚げ色がついたら取り出し、油を切る。お好みでレモンと塩を添える。

無花果とささみのごまクリーム

香り高い黒ごまクリームに濃醇な無花果がマッチした、濃厚な味わい。
淡白なささみとの相性も抜群。黒と赤のコントラストが食欲をそそります。

| 材料 | 2人分 |

無花果	2個
鶏ささみ肉	2本（130g）
水	300㎖
酒	大さじ1
炒りごま（黒）	大さじ2
A 砂糖	小さじ1
白みそ	大さじ1
しょうゆ	小さじ1
生クリーム	大さじ1

| 作り方 |

1 鶏ささみ肉は筋を取る。鍋に水と酒を入れて沸騰したら弱火にし、鶏ささみ肉を入れて2〜3分ほどゆでる。フタをしてそのまま冷めるまでおき、食べやすい大きさに手で割く。

2 無花果は皮をむき、食べやすい大きさに切る。

3 鍋かフライパンを弱火にかけ、炒りごま（黒）を入れて煎る。香りが出てきたらすり鉢に入れ、すりこ木などで半量ほど粒が残るくらいまですり、**A**を加えて混ぜる。

4 皿に**3**を敷き、**1**、**2**を盛る。

Pairing
白ワイン、ロゼワイン、日本酒

豚しゃぶすももソース

酸みと甘味のバランスがよいすももソースはワインにぴったり。
鮮やかな赤色が美しく、いつもの豚しゃぶがおしゃれなひと品に様変わりします。

| 材料 | 4人分 |

豚バラ薄切り肉	400g
すもも	2個

A	しょうゆ	大さじ2
	酢	大さじ1
	みりん	大さじ1
	EXバージンオリーブオイル	大さじ2

レモン汁	小さじ1
水	800㎖
酒	大さじ1
塩	小さじ½

| 作り方 |

1 すももは種に沿って切り込みを入れ、種を中心にねじって2つにわける。種は包丁やスプーンで取り除く。大きさにより4〜6等分のくし形に切る。

2 鍋に**A**を入れて中火にかけ、沸騰したら火を止めて、すももとレモン汁を入れる。

3 別の鍋に水、酒、塩を入れ、沸騰したら弱火にし、豚肉を少量ずつ入れてしゃぶしゃぶする。バットに取り出し、広げて冷ます。

4 皿に豚肉を盛り、**2**のすももをのせてソースを回しかける。

> **Memo**
> ● すももの実が少し柔らかく、香りが出てきたら食べごろのサイン。
> ● 豚しゃぶは10〜20分ほど冷蔵庫で冷やすとよりおいしい。

> **Pairing**
> 白ワイン、スパークリングワイン、
> ロゼワイン

Pairing
白ワイン、スパークリングワイン、ロゼワイン、軽めの赤ワイン

包まない夏野菜のパイ

サクサクのパイとジューシーな夏野菜がたまらないおいしさ。
おしゃれな見ためなのに驚くほど手軽に作れるので、ぜひお試しください。

| 材料 | 2人分 |

冷凍パイシート	2枚 (11×18cm)
ズッキーニ	½個
パプリカ（黄・赤色どちらでも可）	¼個
ミニトマト	6個
とうもろこし	½個
チーズ	50g
バター(有塩)	20g
バジル	6枚
EXバージンオリーブオイル	大さじ1
塩	少々
粗挽き黒こしょう	少々

| 下準備 |

冷凍パイシートは10分ほど常温
に出しておく。

Memo
- 好きな野菜やチーズでアレンジ可能。
- 溶かしバターの代わりに卵黄少量を塗ってもOK。

| 作り方 |

1 ズッキーニ、パプリカは8mm幅の薄切り、ミニトマトは半分に切り、とうもろこしは包丁で実を外し、チーズは食べやすい大きさに切る。バターは電子レンジなどで溶かす。

2 冷凍パイシートは1枚を3等分に切り、麺棒で軽く伸ばす。フォークで数カ所穴をあける。

3 天板にクッキングシートを敷き、その上にオリーブオイル、塩、粗挽き黒こしょうをまんべんなくかける。**1**の野菜、チーズ、バジルをのせ、上にパイシートをかぶせて周りをフォークで押さえ、溶かしたバターを塗る。

4 200度に予熱したオーブンで20分焼き、190度に下げて10分焼く。

1   **3**

トマトのおつまみ夏サラダ

冷やした甘いトマトに、さっぱりコク旨のトルコ風ヨーグルトソース、
クリスピーなナッツにクミンオイルをじゅわ〜っと。ワインが進むひと品です。

Memo
- ヨーグルトはしっかりめに水切りするとおいしく仕上がる。
- オイルは熱々をかける。

Pairing
白ワイン、
スパークリングワイン、
ロゼワイン、オレンジワイン

| 材料 | 2人分 |

トマト	200g
ミックスナッツ（素焼き）	30g
塩	ひとつまみ

A
ヨーグルト（無糖）	200g（水切り前）
ニンニク（すりおろし）	小さじ½
レモン汁	小さじ1
塩	ひとつまみ
パセリ	10g

| クミンシード | 小さじ1 |
（クミンパウダーひとつまみでも代用可）
| EXバージンオリーブオイル | 大さじ2 |

| 下準備 |

ヨーグルトはひと晩（6時間）水切りする。

| 作り方 |

1 ミックスナッツはフライパンで乾煎りし、麺棒などで叩いて粗に砕く。トマトはひと口大、パセリは粗みじん切りにする。

2 ボウルに**A**を入れて混ぜる。

3 フライパンにオリーブオイルとクミンシードを入れて弱火で熱し、クミンシードがふつふつして香りが出てきたら塩を入れる。

4 皿に**2**を広げ、トマト、ミックスナッツの順にのせ、上から**3**をかける。

帆立のカルパッチョ 〜すだち発酵ソース〜

甘い帆立に、爽やかなすだちソースを合わせました。
火を使わずパパッとできるので、暑い日の即席おつまみとして大活躍してくれます。

| 材料 | 2人分 |

帆立貝柱（刺身用）—— 4〜6個
すだち ———————— 1個
塩麹 ———————— 小さじ1
EXバージンオリーブオイル
———————— 大さじ1

| 作り方 |

1 すだちはよく洗い、皮ごとみじん切りにする。

2 ボウルにすだち、塩麹、オリーブオイルを入れてよく混ぜる。

3 帆立貝柱は薄くスライスして皿に盛り、上から **2** をかける。

〉 Memo
すだちソースは冷蔵庫で1日ほどおくとより味がなじむ。

Pairing
白ワイン、スパークリングワイン、ロゼワイン、日本酒

Pairing
白ワイン、スパイス系赤ワイン、ロゼワイン、スパークリングワイン、ビール

青唐辛子ソースのポークソテー

ピリッと辛い青唐辛子とニンニクの香りが食欲をそそる、
スタミナ満点のおつまみ。
暑くて食欲がない日にもおすすめです。

| 材料 | 2人分 |

豚ロース肉	2枚（400g）
塩	小さじ½
こしょう	少々
片栗粉	大さじ½
白ワイン	大さじ2
青唐辛子	50g
ニンニク	1片
A ┌ 塩	ひとつまみ
│ バルサミコ酢	
│ （ワインビネガーまたは酢でも可）	
└	大さじ½
EXバージンオリーブオイル	大さじ2

| 下準備 |

豚肉は冷蔵庫から出し、常温で30
分ほどおく。

》 Memo
》 弱火でじっくり焼くことで柔ら
》 かく仕上がる。

| 作り方 |

1 青唐辛子は刺激が強いので手袋をつけ、
ヘタと種を除き、粗みじん切りにする。
ニンニクはみじん切りにする。

2 豚肉はキッチンペーパーなどで水分を拭
き、数カ所筋切りをする。両面に塩、こ
しょうをふり、茶こしで片栗粉をふる。

3 フライパンにオリーブオイルを入れて弱
火で熱し、豚肉を入れる。焼き色がつく
までじっくり5分ほど焼いて裏返し、白
ワインを入れてフタをし、4分蒸し焼き
にする。フタをあけ、反対側にも焼き色
がついたら取り出す。

4 そのままのフライパンを弱火で熱し、**1**
を入れる。ふつふつしてきたら**A**を入れ、
青唐辛子がしんなりするまで炒める。

5 豚肉の上に**4**をお好みの量かける。

とうもろこしの食べる冷製スープ

夏になったら食べたくなる、甘みと旨みが詰まったひんやりスープ。
とうもろこしの甘さに玉ねぎとパプリカの甘みが加わり、リッチな味わいに。

| 材料 | 2人分 |

とうもろこし ——————— 1本
玉ねぎ ——————————— 30g
パプリカ（黄色）————— 30g
バター（有塩）————— 15g
水 ————————————— 150㎖
牛乳 ————————————— 150㎖
塩 ——————————— ひとつまみ
モッツァレラチーズ —— 1個
EXバージンオリーブオイル
————————————— 適量

| 作り方 |

1 とうもろこしは皮をむき、包丁で身を
削ぎ取る。玉ねぎ、パプリカは粗みじ
ん切りにする。

2 フライパンを弱火で熱し、バターを入
れて溶けてきたら、**1**を入れて全体に
バターが回ったら塩を加え、2〜3分炒
める。水を加え、水分が半量ほどにな
るまで5分ほど煮る。

3 ボウルに**2**を汁ごと入れ、熱いうちに
ハンドブレンダーでかくはんする。粗
熱が取れたら牛乳を加え、再びかくは
んして冷蔵庫で1時間ほど冷やす。

4 皿に盛り、モッツァレラチーズをのせ、
オリーブオイルを回しかける。

Memo
チーズはブッラータやマスカルポー
ネなどもおすすめ。

Pairing
白ワイン

柿とささみのクミンオイルマリネ

柿の甘さとクミンの香りがマッチした、ワインと一緒に食べたいひと品。
ナッツの食感がアクセントになり、あとを引くおいしさです。

| 材料 | 2人分 |

鶏ささみ肉	130g
柿	½個
ミックスナッツ（素焼き）	30g
水	200㎖
白ワイン（酒でも可）	大さじ1
EXバージンオリーブオイル	大さじ2
クミンシード	小さじ1
（クミンパウダーでも小さじ½で代用可）	
塩麹	大さじ½
ディル	3g（2〜3本）

| 作り方 |

1 鍋に鶏ささみ肉、水、白ワインを入れて弱火で熱し、表面の色が白く変わったらフタをし、火を止める。粗熱が取れたら筋を取り食べやすい大きさに手で割く。柿は皮をむき、くし形に切る。

2 ミックスナッツはフライパンで乾煎りし、麺棒で粗めに砕く。

3 フライパンにオリーブオイル、クミンシードを入れて弱火で熱し、香りが出てきたら塩麹を入れ、混ぜたら火を止める。

4 ボウルに柿、ささみ、ミックスナッツ、ディルは葉の部分を手でちぎりながら入れ、熱いうちに**3**を入れて混ぜる。

Memo
- 冷蔵庫で1時間ほど冷やすと味がなじんでよりおいしい。
- 鶏ささみ肉は火が通っているか確認する。

Pairing
白ワイン、スパークリングワイン、
ロゼワイン、オレンジワイン

洋梨のサラダ

甘くとろけるような食感が魅力の洋梨に、爽やかなレモンドレッシングが相性抜群。
ワインとともに、贅沢なひとときが堪能できます。

| 材料 | 2人分 |

洋梨 ———————— 1個（260g）
レモン ———————— 1/3個
ディル ———————— 1本
EXバージンオリーブオイル
———————— 大さじ1
塩 ———————— 少々

| 作り方 |

1 洋梨は皮をむき、ひと口大に
切る。レモンはよく洗い、い
ちょう切りにする。ディルは
包丁で刻む。

2 ボウルにオリーブオイル、レ
モン、塩を入れて混ぜ、洋梨
とディルも加えて混ぜる。

Memo
レモンは皮ごと使うので、できれ
ば無農薬のものがおすすめ。

Pairing
白ワイン、ロゼワイン、オレンジワイン

揚げ蓮根と里いもの甘辛チーズ

甘辛く味つけた根菜にクセのあるカマンベールチーズを合わせれば、
ワインによく合うひと品に。

| 材料 | 2人分 |

蓮根（れんこん）	150g
里いも	200g
カマンベールチーズ	1個
片栗粉	大さじ2
A しょうゆ	大さじ1
みりん	大さじ1
バルサミコ酢	大さじ1
EXバージンオリーブオイル	大さじ4

| 作り方 |

1 鍋に蓮根とかぶるほどの水（分量外）を入れて中火にかけ、3分ほどゆでてザルにあげ、水気を拭く。蓮根、里いもに片栗粉をまぶす。

2 フライパンにオリーブオイルをひいて中火にかけ、蓮根と里いもを入れる。表面がこんがり揚げ色がついたら油や汚れをキッチンペーパーなどで拭き取る。

3 混ぜ合わせた**A**を入れて全体に絡めながら、とろみが出たら火を止める。ひと口大に切ったカマンベールチーズを加えてざっくり混ぜる。

| 下準備 |

蓮根は皮をむき、大きめの乱切りにする。酢水（材料外）に10分ほど浸け、軽く水洗いする。
里いもは鍋にかぶるくらいの水（材料外）とともに入れ、中火で10〜15ほどゆで、水にしり指でこすって皮をむく。里芋が大きいようであれば、ひと口大に切る。

Pairing
白ワイン、ロゼワイン、
スパークリングワイン、
オレンジワイン、軽めの赤ワイン

蕪のミルキーグラタン

ホワイトソースを使わず、牛乳とチーズだけでも十分クリーミーな味わいに。
味つけはシンプルに、甘みが詰まった旬の蕪のおいしさを引き立てました。

| 材料 | 2人分 |

蕪 ——————————— 1個（230g）

A | 牛乳 ——————— 150㎖
　| クリームチーズ — 50g
　| コンソメ ————— 1個

シュレッドチーズ —— 50g
粗挽き黒こしょう —— 適量
バター（有塩）———— 8g

| 作り方 |

1 蕪は皮をむいて縦半分に切り、縦7
mmほどの薄切りにする。

2 フライパンに蕪、**A**を入れて中火で
熱し、クリームチーズを崩しながら
沸騰してきたら弱火にし、蕪が柔ら
かくなるまで煮る。

3 耐熱容器にバターを塗り、**2**をソー
スごと入れ、シュレッドチーズをのせ、
粗挽き黒こしょうをふる。

4 250度に予熱したオーブンで15分焼
く。

Memo
オーブンではなくトースターでもOK。チ
ーズが溶けてこんがり焼き色がつくまで焼
くのが目安。

Pairing
樽熟白ワイン、スパークリングワイン

マッシュルームと蕪と生ハムのサラダ

マッシュルームの旨みと蕪の甘み、生ハムの塩味のバランスが絶妙。
塩麹と黒こしょうのシンプルな味つけに、柚子の香りでアクセントを。

| 材料 | 2人分 |

マッシュルーム

（ブラウン・ホワイトでも可）

――――――――――60g

蕪（かぶ）――――――150g

生ハム ――――――4枚

塩 ――――――――ひとつまみ

A
| EXバージンオリーブオイル
| ――――――――大さじ1
| 塩麹 ――――――大さじ½
| （塩で代用する場合は半量にする）

柚子の皮（無農薬）―― 少量

（3cm×3cmほど）

粗挽き黒こしょう ―― 適量

| 作り方 |

I マッシュルームは薄くスライスする。蕪は皮をむきスライサーなどでスライスし、塩を加えてもみ込み5〜10分おく。水でサッと洗い、水分を絞る。生ハムは食べやすい大きさに切る。

2 ボウルにマッシュルーム、蕪、生ハム、**A**を入れ混ぜ合わせる。皿に盛り、柚子の皮を散らして粗挽き黒こしょうをふる。

Memo
柚子の実は使用しないでほかの料理に活用する。

| 下準備 |

柚子はしっかり洗って水気を拭き、使う量の皮をそぎ切りにしてからみじん切りにする。

Aを混ぜ合わせる。

Pairing
白ワイン、スパークリングワイン、ビール

Pairing
ビール、スパークリングワイン

冬瓜と豚肉の
コク旨ピリ辛みそバター

食べてみたいけれど調理に悩みがちな冬瓜を使った冬の旬を味わうひと品。
ピリッと辛いみそバター味で、ごはんにもお酒にもよく合います。

| 材料 | 2人分 |

豚こま切れ肉	250g
冬瓜 (とうがん)	500g
小ねぎ	5cm

	みそ	大さじ2
	しょうゆ	大さじ½
A	豆板醤	大さじ½
	砂糖	大さじ½
	酒	大さじ1

バター（有塩）	30g
ごま油	大さじ1

| 下準備 |

小ねぎは小口切りにする。
Aは混ぜ合わせる。

> Memo
> ● 冬瓜は皮をしっかりむくと柔らか
>   く仕上がり、ぎりぎり緑が残るほど
>   にむくと、形崩れしにくいので、お
>   好みの切り方でどうぞ。
> ● 豚肉と冬瓜を炒める際、焼き色が
>   つくまで炒めるとおいしい。

| 作り方 |

I 冬瓜は皮をむき、種とワタを除いて適当
な大きさに切る。鍋にたっぷりの水（分量
外）と冬瓜を入れて中火にし、竹串がス
ッと刺さるまで5〜8分ゆでる。氷水に
とり、粗熱が取れたら水分を拭き、2cm
厚さに切る。

2 フライパンにごま油をひいて中火にし、
豚肉を入れて焼く。肉の色が変わったら
冬瓜を入れ、水分がなくなりこんがり焼
き色がつくまで3分ほど炒め合わせる。

3 **2**に**A**を加え、全体に絡むように3分ほ
ど炒め、バターの半量を入れて溶けたら
火を止める。

4 皿に盛り、小ねぎを散らし、残りのバタ
ーをのせる。

肉団子と芽キャベツの白ワイン煮込み

塩麹を使ってふっくらジューシーに仕上げた肉団子が絶品！
フライパン1つで手軽に作れ、栄養満点でおなかもしっかり満たされます。

| 材料 | 2人分 |

合挽き肉 ―――――― 150g
芽キャベツ ―――――― 6個
ミニトマト ―――――― 6個
玉ねぎ ―――――― 50g
ニンニク ―――――― 1片

A
片栗粉 ―――――― 大さじ1
塩麹 ―――――― 大さじ1
こしょう ―――――― 少々

B
白ワイン ―――――― 50ml
塩 ―――――― 少々
粗挽き黒こしょう ―― 少々

EXバージンオリーブオイル
―――――― 大さじ1と½

Memo
スープもおいしいので、バゲットなどに
浸して食べるのがおすすめ。

| 作り方 |

1 芽キャベツは汚れた葉や根元を切り落とし、縦半分に切る。ミニトマトはヘタを取る。玉ねぎは、みじん切りにする。ニンニクは半分をすりおろし、残りはみじん切りにする。

2 ボウルに合挽き肉、玉ねぎ、すりおろしたニンニク、**A**を入れてよく混ぜる。

3 フライパンにオリーブオイルをひき、手のひらに油（分量外）を塗り、**2**をピンポン玉ほどの大きさに丸めてフライパンに並べる。中火で熱し、片面に焼き色がついたらひっくり返し、芽キャベツ、みじん切りにしたニンニクを入れ、全体に焼き色をつける。

4 ミニトマトと**B**を入れて全体を混ぜ、フタをして3分煮込む。フタをあけ、混ぜながら水分が少なくなりトロッとしたら火を止め、皿に盛る。

Pairing
ビール、スパークリングワイン、
ロゼワイン、赤ワイン

おもてなし
にもなる
おしゃれレシピ

おもてなしで喜ばれる、華やかで見栄えのよいレシピを集めました。ホームパーティーを開くときはもちろん、普段よりちょっぴり贅沢な晩酌タイムを過ごしたいときにもおすすめです。

[**Pairing**
ワイン全般]

ビーフタルタル

低温でじっくり火を通した牛肉に、
とろとろの卵とコクのあるチーズが絡み合う極上のおいしさ。
ワインと一緒に贅沢なひとときが楽しめます。

| 材料 | 4人分 |

牛もも肉————————250g
卵————————————1個
塩————————————小さじ½
こしょう————————適量
EXバージンオリーブオイル
————————————大さじ3
A　酢————————大さじ2
　　塩————————小さじ1
パルミジャーノレッジャーノ
————————————10g
粗挽き黒こしょう————適量

| 下準備 |

牛肉は30分前に冷蔵庫から出し
ておく。

〉 Memo
〉 ジップバックを湯に入れる際は、上
〉 に皿をのせて沈めるなど、ジップバ
〉 ックがしっかり湯に浸かっている状
〉 態をキープする。

| 作り方 |

1 牛肉に塩、こしょうをまぶし、耐熱用の
ジップバックに入れてオリーブオイルも
加え、空気を抜いて閉じる。ジップバッ
クの上からオイルをもみ込み、大きめの
鍋にたっぷりの水（分量外）とジップバッ
クを入れ、58度で2時間加熱し、火を止
めて冷めるまでおく。

2 卵を皿に割り、別の鍋に500mℓの水（分量
外）と**A**を入れて中火で熱し、沸騰した
ら箸でかき混ぜて渦を作り、中央に卵を
落として弱火で4分加熱する。

3 **1**の肉を薄く切り、パルミジャーノレッ
ジャーノ、粗挽き黒こしょうをふり、**2**
をのせる。

フライパンでローストビーフ

フライパン1つでできる、究極の簡単ローストビーフ！
ホイルで包んだり湯煎にかけたりする手間もなく、ご馳走感のあるひと皿です。

| 材料 | 4人分 |

牛もも塊肉（厚みが5～8cmのもの）
———————————— 600g

| 塩 ——————————— 小さじ1 |
| こしょう ——————— 小さじ1 |

A
| バルサミコ酢 ——— 大さじ1 |
| しょうゆ ————— 大さじ½ |
| はちみつ ————— 大さじ½ |

EXバージンオリーブオイル — 大さじ1

| 下準備 |

牛肉は冷蔵庫から出し、30分～1時間常温に戻しておく。

| 作り方 |

1 牛肉に塩、こしょうをふり、全体になじませる。フライパンにオリーブオイルをひいて強めの中火で熱し、牛肉を入れてすべての面にしっかり焼き色をつける。弱火にし、1分ずつすべての面をもう一度焼く。

2 火を止めてフタをし、そのまま冷めるまでフライパンの中で休ませる。牛肉を取り出し、そのままのフライパンに**A**を入れて混ぜながら軽く沸騰したら火を止める。

3 牛肉を食べやすい厚さに切り、**2**のソースをかける。

Memo
フライパン内で休ませた肉は、その後冷蔵庫でもう一度休ませるとキレイに切れる。

Pairing
赤ワイン、ロゼワイン

スパイスハーブのソーセージ

ダイナミックなソーセージとお酒で、おうちバル気分を満喫！
スパイスとハーブで香り豊かに、手作りならではのおいしさが楽しめます。

| 材料 | 2人分（8cmほどのソーセージ8本） |

A
- 豚ひき肉 —————— 300g
- パクチー —————— 40g
- ニンニク —————— 1片
- 砂糖 —————— 小さじ2
- 塩 —————— 小さじ2
- オールスパイス —————— 小さじ1
- 酒 —————— 小さじ1
- こしょう —————— 少々
- 氷 —————— 2個

じゃがいも —————— 1個（小サイズ）
EXバージンオリーブオイル —— 大さじ1
パクチー —————— 20g
ケチャップ —————— 適宜
粒マスタード —————— 適宜

| 作り方 |

I ボウルに**A**を入れてこね、氷が残ったら取り出す。

2 手にオリーブオイル（分量外）をつけ、8cmほどのソーセージ形に成形し、ラップで包み、さらにホイルで包む。

3 蒸し器に**2**を入れ、8分弱火で蒸し、そのまま冷めるまでおく。

4 フライパンにオリーブオイルをひいて中火で熱し、**3**とじゃがいもを加えて焼く。全体にこんがり焼き色がついたら皿に盛り、パクチーをのせ、お好みで粒マスタードとケチャップを添える。

| 下準備 |

じゃがいもは皮つきのまま、竹串がすっと通るまでゆで、大きめのひと口大に切る。
ニンニクはすりおろす。
ソーセージに入れるパクチー（**A**の材料）はみじん切りにする。
蒸し器に湯を沸かしておく。

Memo
- 豚ひき肉は脂が溶けにくいように氷を一緒に入れてこねる。
- 蒸したあとは冷めてからホイルとラップを外すと、肉汁が出にくくなる。

Pairing
ビール、オレンジワイン、
軽めの赤ワイン

Pairing
樽熟白ワイン、ロゼワイン、軽めの赤ワイン

蕪とチキンのフリカッセ

こんがり焼いた鶏肉の旨みが溶け込んだクリームソースは、
樽香のするシャルドネにぴったり。
ナツメグパウダーを使うと奥深い味わいに仕上がります。

| 材料 | 4人分 |

鶏もも肉	300g
蕪（かぶ）	2個（葉つき450g）
塩麹	大さじ1
ニンニク	1片
白ワイン（酒でも可）	50㎖
塩	適量
粗挽き黒こしょう	適量
A 生クリーム（脂肪分35%）	100㎖
バター(有塩)	30g
ナツメグパウダー	少々
レモン汁	大さじ1
EXバージンオリーブオイル	大さじ1
レモンスライス	1枚

| 下準備 |

鶏肉はひと口大に切り、全体に塩麹をもみ
込んで冷蔵庫で半日からひと晩おく。

> Memo
> ● 鶏肉に塩麹で下味をつけておくと、肉
>   が柔らかくなり味が決まりやすい。
> ● 塩麹の塩分があるので塩の量は控えめ
>   にし、最後の味見のときに調節するの
>   がおすすめ。

| 作り方 |

1 蕪は、葉の部分を実と茎の境目で切り
分ける。実は皮をむき、くし形に切る。
茎と葉は2〜3㎝長さに切る。ニンニ
クはみじん切りにする。

2 フライパンにオリーブオイルとニンニ
クを入れて中火に熱し、香りが出たら
塩麹ごと鶏肉を入れ、両面焼き色をつ
ける。

3 蕪の茎を入れて軽く炒め、油が全体に
回ったら葉を入れ、白ワイン、塩、粗
挽き黒こしょうを入れてフタをし、2
分煮る。フタをあけて全体を混ぜ合わせ、
再びフタをして5分ほど煮込む。

4 フタをあけ、蕪に竹串がスッと入れば、
Aを加えて混ぜ、3分煮込む。

5 味見をし、塩、粗挽き黒こしょうで味
を調える。とろみが出てきたら火を止
めて皿に盛り、レモンスライスを飾る。

ジューシー塩豚のプラムソース

ジューシーで旨みたっぷりの塩豚を旬のフレッシュプラムの酸味を
合わせたソースで爽やかにいただきます。

| 材料 | 4人分（作りやすい量） |

豚肩ロース塊肉 ———— 450g
プラム ———————— 3個（250g）
塩 —————————— 大さじ1
EXバージンオリーブオイル
　　　　　　　　———— 大さじ1

A　砂糖 ———————— 30g
　　赤ワイン ————— 40ml
　　カルダモン ————— 3粒

レモン汁 ——————— 小さじ1

| 作り方 |

1 豚肉の前面にオリーブオイル
　　を塗り、天板にのせ、200度
　　のオーブンで35分焼く。取り
　　出してホイルで包み、冷める
　　までおく。

2 プラムは種を取り除いてざく
　　切りにし、鍋に入れる。カル
　　ダモンは軽くつぶし、**A**を入
　　れて中火にかける、沸騰した
　　ら弱火にし、混ぜ続ける。

3 水分が少なくなり半量ほどに
　　なったらレモン汁を加え、2
　　分ほどしたら火を止め、冷め
　　るまでおく。

4 **1**の豚肉をスライスして皿に
　　盛り、**3**をかける。

| 下準備 |

豚肉全体に塩をすり込み、冷蔵庫で3日寝か
せる。
天板にオーブンペーパーを敷く。
オーブンは200度に予熱する。

Pairing
樽熟白ワイン、スパークリングワイン、
ロゼワイン、軽めの赤ワイン

レバーコンフィ ～バルサミコソース、洋梨と～

鍋任せでしっとり仕上げたレバーコンフィは、
濃厚だけどバルサミコソースでさっぱり感もある食べやすい味わいです。

| 材料 | 4人分 |

鶏レバー	300g
塩	小さじ1
EXバージンオリーブオイル	適量
A ┌ ニンニク	1片
├ ローズマリー	1本
└ タイム	2本
B ┌ バルサミコ酢	30㎖
├ 赤ワイン	30㎖
└ しょうゆ	20㎖
洋梨	1個
バゲット	適宜

| 作り方 |

1 耐熱性のジップバッグにレバーと**A**を入れ、食材がかぶるくらいまでオリーブオイルを入れて空気を抜きながら封をする。

2 大きめの鍋にたっぷりの水（分量外）を入れ、**1**を入れる。弱火で熱し、沸騰したら火を止めてフタをし、1時間おく。

3 レバーに火が通ったらフライパンに**2**の中身をすべて入れ、**B**を加える。弱火でふつふつしてきたら火を止め、保存容器に入れて冷蔵庫で半日以上おく。

4 洋梨は食べやすい大きさに切って**3**と一緒に皿に盛る。お好みでバゲットを添える。

| 下準備 |

レバーはボウルに入れ、水を何度か替えながら汚れや血抜きをする。水気を拭いてひと口大に切り、全体に塩をふって冷蔵庫で1時間以上おく。

Memo
● 工程**2**でジップバックが浮いてくる場合は、皿などを重石にして沈める。
● 半日から1日冷蔵庫でおくとよりおいしく仕上がる。

┌──────────┐
Pairing
赤ワイン
└──────────┘

大人の海老マヨ

スパイスを効かせた大人の海老マヨは、できたてはもちろん、
冷やしてサラダにのせても美味。ディルを加えることで、香り高くお酒に合うひと品に。

| 材料 | 2人分 |

海老（えび）————————— 170g

水溶き片栗粉
　片栗粉大さじ 1 ＋水大さじ ½

A	酒 ————————— 大さじ 1
	塩 ————————— 少々
	砂糖 ———————— ひとつまみ

| B | 片栗粉 ——————— 大さじ 2 |
| | カレー粉 —————— 小さじ ½ |

C	マヨネーズ ————— 大さじ 3
	ケチャップ ————— 大さじ ½
	豆乳（牛乳でも可）—— 大さじ ½
	玉ねぎ ——————— 20g
	塩 ————————— 少々

ディル ——————————— 2g

EXバージンオリーブオイル
　　　　　　　　　————— 大さじ 2

| 下準備 |

海老は殻をむいて背腸（せわた）を取り、ボウルに入れ、
水溶き片栗粉を加えてしっかり混ぜ、キレ
イになるまで流水で洗う。
Bは混ぜておく。
Cの玉ねぎはみじん切りにして軽く絞る。

> **Memo**
> ● 海老はバナメイやブラックタイガーが
> 　おすすめ。
> ● 海老は焼きすぎると硬くなるので注意。
> ● 甘さが欲しい方は**C**にはちみつを足し
> 　てもよい。

| 作り方 |

1 ボウルに海老と**A**を入れ、10分ほどおい
　　て水気を拭き取り、**B**をまぶす。

2 ボウルに**C**を入れ、ディルは葉をちぎり
　　ながら加えて混ぜ合わせる。

3 フライパンにオリーブオイルをひいて中
　　火で熱し、海老を入れて両面1〜2分焼く。
　　こんがり焼き色がついたら取り出し、**2**
　　に混ぜる。

　　　　　　　　Pairing
　　白ワイン、ロゼワイン、オレンジワイン

サーモンとアボカドのタルタル

サーモンとアボカドに卵黄とチーズを合わせた、濃厚でワインよく合うひと品。
セルクル型に入れるだけで、ワンランク上の華やかな仕上がりになります。

| 材料 | 2人分 |

サーモン	130g
アボカド	1個
レモン汁	小さじ1

A
EXバージンオリーブオイル	大さじ1
塩	小さじ½
粗挽き黒こしょう	適量

卵黄	1個
パルミジャーノレッジャーノ	大さじ2
レモン（スライス）	適量
粗挽き黒こしょう	適宜
EXバージンオリーブオイル	適宜

| 作り方 |

1 サーモンは1cmの角切り、アボカドは皮と種を除き、1cmの角切りにする。

2 ボウルに**1**とレモン汁を入れて混ぜ、**A**を加えて混ぜ合わせる。

3 皿に8cmのセルクル型をおき、**2**を詰めてスプーンで押さえ、真ん中を少しへこませる。セルクルを抜き上げ、へこませた部分に卵黄をのせ、上からパルミジャーノレッジャーノをふる。お好みでレモンを添え、粗挽き黒こしょう、オリーブオイルをかける。

[**Pairing**]
[白ワイン、ロゼワイン]

137

帆立と柑橘のマリネ

果汁を加えたジューシーなマリネ液は、少しの白だしが味の決め手。
帆立の甘みに爽やかな柑橘が驚くほどよく合います。

| 材料 | 2人分 |

帆立（刺身用）—— 6個（130g）
グレープフルーツ（ほかの柑橘でも可）
—— 150g（過食部）
玉ねぎ —— 35g
ディル —— 5g

A
EXバージンオリーブオイル
—— 大さじ2
白ワインビネガー
—— 大さじ½
白だし —— 大さじ½
はちみつ —— 小さじ½
塩 —— 少々
粗挽き黒こしょう —— 少々

| 作り方 |

1 帆立は薄くスライスし、塩少々（分量外）をふって5分ほどおき、出てきた水分をキッチンペーパーなどで拭き取る。

2 グレープフルーツは皮をむき、皮に残った果汁も絞る。玉ねぎはみじん切りにする。

3 ボウルに**A**を入れて混ぜ合わせ、帆立、グレープフルーツ、玉ねぎ、ディルは葉をちぎりながら入れ、全体を混ぜ、冷蔵庫で1時間冷やす。

Memo
柑橘は酸味あるお好みのものでOK。

Pairing
白ワイン、スパークリングワイン、
ロゼワイン

牡蠣と茄子のレモンオイルソース

レアに仕上げたクリーミーな牡蠣と、とろっとした茄子の食感をマリアージュ。
簡単にできてご馳走感もしっかり出るので、リッチな気分が味わえます。

| 材料 | 2人分 |

牡蠣（刺身用）————————	大4個
帆立（刺身用）————————	大2個
茄子（肉厚な賀茂茄子がよい）-	2枚（1.5cm幅）
塩・こしょう————————	各適量
薄力粉——————————	適量
塩レモン—————————	大さじ1
バルサミコ酢————————	大さじ1
EXバージンオリーブオイル —	50㎖
ミント——————————	適量

| 作り方 |

1 茄子は1.5cm幅にスライスし、片面のみ格子状に切り込みを入れ、両面に塩・こしょうをふり、薄力粉をまぶす。牡蠣と帆立はよく水分を取り、塩・こしょうをふり、薄力粉をまぶす。

2 フライパンにオリーブオイルを入れて中火で熱し、茄子、牡蠣、帆立を両面焼く。茄子はこんがりと焼き色がつくまで、牡蠣と帆立はふっくらレアになるよう両面で2〜3分焼く。

3 オイルが少なければ足し、塩レモン、バルサミコ酢を入れ沸騰したら火を止め、皿に茄子、牡蠣、帆立を盛りつけ上からソースをかけ、ミントを飾る。

| 下準備 |

ボウルに牡蠣を入れ、塩大さじ½（分量外）をふって優しくもみ込み、水がキレイになるまで洗い流す。

Memo
塩レモンは、みじん切りにしたレモンとレモンの重さの10%の塩を混ぜて常温で1日おいたものでも代用可。

Pairing
白ワイン、スパークリングワイン、
ロゼワイン、オレンジワイン

Pairing
白ワイン、スパークリングワイン、軽めの赤ワイン、ロゼワイン

ぷりぷり牡蠣ソテー
〜マッシュポテトのディル風味添え〜

ぷりぷりのレア仕上げの牡蠣とマッシュポテトに、
旨みたっぷりのソースが至福の味。
休日のディナーに、樽香を感じる白ワインなどと一緒に召し上がれ。

| 材料 | 2人分 |

牡蠣（刺身用）		100g
じゃがいも		200g(大1個)
ディル（パセリでも可）		
		10g
A	塩	大さじ½
	水	250ml
B	水	500ml
	塩	大さじ½
牛乳		50ml
バター（有塩）		40g
塩		適量
こしょう		適量
片栗粉		大さじ1
バルサミコ酢		大さじ½
しょうゆ		大さじ½
EXバージンオリーブオイル		
		大さじ2

| 下準備 |

ボウルに**A**を入れて塩を溶かし、牡蠣を入れてよく洗う。水（分量外）を何度か入れ替えて洗い、汚れが出なくなったらキッチンペーパーなどでしっかり水気を拭き取る。

| 作り方 |

1 じゃがいもは皮をむき、大きいものは適当な大きさに切る。鍋にじゃがいも、**B**を入れて中火にかけ、竹串がスッと刺さるくらいまでゆでたらザルにあげ、鍋に戻して弱火で転がしながら水分を飛ばす。

2 火を止めてじゃがいもをマッシャーなどでつぶし、再び弱火にかけて、牛乳、バターを加えて混ぜ合わせる。バターが溶けて混ざり合ったら火を止め、ちぎったディルも入れて混ぜ、塩・こしょうで味を調える。

3 牡蠣に塩・こしょうを軽くふって片栗粉をまぶす。フライパンにオリーブオイルをひいて弱火で熱し、牡蠣を入れてレアで表面をさっと焼き上げ、皿に盛る。

4 旨みが残った**3**のフライパンに、バルサミコ酢としょうゆを入れて弱火でふつふつしたら火を止める。

5 **3**に**2**のマッシュポテトを添え、**4**のソースをかける。

しば漬け海老タルタル

しば漬けの乳酸菌発酵の酸味がタルタルのアクセントに。
そのまま食べても、バゲットやサンドイッチの具にしてもおいしくいただけます。

| 下準備 |

海老は解凍させ、背腸があれば竹串など
で除く。

Memo
しば漬けは商品によって塩分量が違
うので、少なめに入れてから味見を
して調節する。

Pairing
白ワイン、スパークリングワイン、
ロゼワイン、オレンジワイン

| 材料 | 2人分 |

むき海老（冷凍）	140g
しば漬け	40g
赤玉ねぎ	30g
ゆで卵	2個
ディル	2g

A	水	500㎖
	酒	大さじ1
	塩	少々

B	マヨネーズ	大さじ4
	ホワイトビネガー（酢やレモン汁でも可）	大さじ½
	砂糖	小さじ1
	塩	ひとつまみ

粗挽き黒こしょう	適宜

| 作り方 |

I 鍋に**A**を入れて火にかけ、沸騰したら
火を止めて海老を入れてフタをし、冷
めるまでおく。

2 赤玉ねぎはみじん切りにし、水分を軽
く絞る。しば漬けは水分を軽く絞り、
粗みじん切りにする。**I**の海老はぶつ
切りにする。

3 ボウルにゆで卵と**B**を入れ、卵をつぶ
しながら混ぜる。赤玉ねぎ、しば漬け、
海老を加え、ディルをちぎりながら入
れて全体を混ぜる。皿に盛り、お好み
で粗挽き黒こしょうをふる。

きのこのオープンサンド

じっくり炒めて旨みが溶け出したきのこのソテーを、バケットにのせて。
フライパン1つでさっと作れるのに、見た目もおしゃれなひと品です。

| 材料 | 2人分 |

しめじ	100g
えのき	100g
フランスパン	適量
パセリ	30g
塩	少々
しょうゆ	小さじ1
粗挽き黒こしょう	少々
EXバージンオリーブオイル	大さじ2

| 作り方 |

1 しめじ、えのきは石づきを切り、粗みじん切りにする。パセリは粗みじん切りにする。

2 フライパンにオリーブオイルと **1** を入れて弱火にかけ、塩を加えてじっくり10分ほど炒める。しょうゆを回し入れ、サッと混ぜたら火を止める。

3 2cmほどの厚さに切ったフランスパンの上に **2** をのせ、粗挽き黒こしょうをふる。

Pairing
白ワイン、スパークリングワイン、ロゼワイン

チキンとざくざくアーモンドのサラダ

淡白なむね肉は、香ばしいミックスナッツを加えてアクセントを。
粒マスタードのピリッとした辛みもワインが進みます。

| 材料 | 2人分 |

鶏むね肉	200g
ミックスナッツ（素焼き）	40g
ゆで卵	2個
片栗粉	大さじ2
酒	大さじ1
A ヨーグルト（無糖）	100g
粒マスタード	小さじ1
塩	小さじ½
マヨネーズ	大さじ2
粗挽き黒こしょう	適宜

| 作り方 |

1 鶏肉は削ぎ切りにし、片栗粉を
まぶす。鍋に水（分量外）と酒を
入れて弱火にかけ、ふつふつし
てきたら少量ずつ鶏肉を入れて
火が通れば取り出す。

2 ボウルに**A**を入れて混ぜ、鶏肉
とミックスナッツを入れる。ゆ
で卵は半分に割り入れ、全体を
ざっくり混ぜる。お好みで粗挽
き黒こしょうをふる。

2

Pairing
白ワイン、スパークリングワイン、
ロゼワイン

スモークチーズのじゃがオムレット

ふんわりとした卵の中からふわっと香るスモークチーズのオムレット。
じゃがいもが入っていてボリューミーなので、ディナーの主役としても楽しめます。

| 材料 | 4人分 |

卵	4個
じゃがいも	150g
スモークチーズ	90g
塩	小さじ1

A
マヨネーズ	大さじ2
調整豆乳（無調整豆乳または牛乳でも可）	大さじ2
塩	ひとつまみ
粗挽き黒こしょう	少々

バター（有塩）	30g
イタリアンパセリ	適量

| 作り方 |

1 じゃがいもは皮をむき、ひと口大に切る。鍋に湯（分量外）を沸かして塩とじゃがいもを入れて柔らかくなるまでゆでる。湯を捨て、再度火にかけ水分を飛ばし、フォークで粗くつぶす。

2 スモークチーズは5mm幅に切る。ボウルに卵と**A**を入れてしっかり混ぜ、じゃがいも、スモークチーズを加えてさらに混ぜる。

3 フライパンを中火にかけてバターを入れ、溶けてきたら**2**を入れる。混ぜながらふちが固まってきたらフタをし、2分焼く。皿などを使って裏返し、さらに1分焼いたら皿に盛り、イタリアンパセリを添える。

Memo
スモークやクセのあるチーズがおすすめ。子ども用に作る場合は食べやすいチーズでOK。

Pairing
白ワイン、ロゼワイン、
軽めの赤ワイン、オレンジワイン

145

ローズマリー香る究極ポテト

皮つきのじゃがいもをじっくりと揚げ焼きにすることで、油っこさを感じず、
素材本来のおいしさが味わえます。ローズマリーの香りでご馳走感アップ！

| 材料 | 2人分 |

じゃがいも —————— 250g
ローズマリー —————— 1本
片栗粉 —————————— 大さじ1
EXバージンオリーブオイル
————————————— 適量
塩 ————————————— 少々

| 作り方 |

I じゃがいもは皮ごとよく洗って
少し硬めに蒸し、半分〜¼に割る。
断面を中心に、全体に片栗粉を
つける。

2 フライパンに底から1cmほど
のオリーブオイルを入れ、じゃ
がいもとローズマリーを入れる。
弱火で8分ほどじっくり揚げ、
うっすら揚げ色がついたら強め
の中火にし、表面がカリッとな
るまで2分ほど揚げる。熱いう
ちに塩をふる。

Memo

- じゃがいもの蒸し加減は、竹串
  がゆっくり通るくらいの硬さが
  目安。電子レンジで加熱しても
  OK。

- ローズマリーは香りが出たらあ
  げる。

- お好みでケチャップを添える。

無花果と生ハムの白みそチーズクリーム

甘い無花果とマスカルポーネを使ったクリームが絶妙にマッチ。
白みそを加えることで、奥深い味わいに仕上がります。

| 材料 | 2人分 |

無花果	2個
生ハム	50g
マスカルポーネ	100g
白みそ	小さじ1
はちみつ	小さじ1
レモン汁	小さじ1
ミント	適量

| 作り方 |

I マスカルポーネ、白みそ、はちみつ、レモン汁を混ぜる。

2 無花果はヘタを落とし、1cmの輪切りにする。

3 皿に無花果を並べ、上にIと生ハム、お好みでミントをのせる。

Memo
- マスカルポーネの代わりに、八分立ての生クリームで代用可。
- 無花果は柿、桃、メロン、苺など季節の果物に変えてもおいしい。

おもてなしにもなる おしゃれレシピ

Pairing
白ワイン、スパークリングワイン、ロゼワイン

柿とカマンベールチーズのパイ

サクッとしたパイ生地に、
柿とチーズの甘じょっぱい具材がとろけるおいしさ。
ワインのお供に、デザート感覚で食べられます。

| 材料 | 2人分 |

柿	1個（180g）
カマンベールチーズ	1個
パイシート（冷凍）	150g
バルサミコ酢	大さじ1
はちみつ	大さじ½
卵黄	1個
フェンネルシード（ホール）	小さじ1

| 下準備 |

パイシート（冷凍）は10分ほど前に常温に出しておく。

> Memo
> お好みでフェンネルシードは使わ
> なくてもよい。

| 作り方 |

1 柿は皮をむいて半分に切り、5mm厚さほどのくし形切りにする。ボウルに柿、バルサミコ酢、はちみつを入れて混ぜ、10分ほどおく。カマンベールチーズは三角に12等分に切る。

2 パイシートは6つに切り分け、薄力粉適量（分量外）をふり、10cm×6cmほどの大きさに麺棒で伸ばす。フォークで数カ所穴をあけてクッキングシートの上に並べ、ハケなどで卵黄を塗る。

3 **2**の上に柿、カマンベールチーズを交互に並べ、フェンネルシードをふる。

4 200度に予熱したオーブンで20〜25分ほど、チーズが溶けてパイシートがこんがりきつね色になるまで焼く。

グリルキャロットのカナッペ

蒸し焼きで甘さを引き出したにんじんと、クリームチーズがよく合います。
さっと作れて見た目も華やかなので、ホームパーティのオードブルにも最適。

| 材料 | 2人分 |

にんじん —————— 1本（200g）
クリームチーズ ——— 50g
ディル —————————— 1本
片栗粉 ————————— 大さじ1
EXバージンオリーブオイル
　　　　　　　　　　—————— 大さじ1
塩 ————————————— 少々
粗挽き黒こしょう —— 少々

| 作り方 |

I にんじんは大きめの乱切りにす
る。鍋に水大さじ4（分量外）と
一緒に入れてフタをし、弱火に
かける。柔らかくなるまで5分
ほど蒸し焼きにする。

2 にんじんは水気を切り、温かい
うちに平らなもので3mmほどの
薄さにつぶし、全体に片栗粉と
オリーブオイルをふる。

3 180度に予熱したオーブンで20
分焼き、160度に下げて5分焼く。
皿に盛り、クリームチーズ、ち
ぎったディルをのせ、塩、粗挽
き黒こしょうをふる。

Pairing
白ワイン、スパークリングワイン、
ロゼワイン、オレンジワイン

さつまいもバターと
マスカルポーネクリーム

バターでカリッと焼いたさつまいもをバルサミコ酢で風味づけし、
リッチな味わいに。マスカルポーネをディップして召し上がれ。

| 材料 | 2人分 |

さつまいも ——————— 300g
マスカルポーネ ——————— 100g
はちみつ ——————— 大さじ 1 ½
バルサミコ酢 ——————— 大さじ½
ピスタチオ ——————— 5g (可食部)
バター (有塩) ——————— 20g

| 下準備 |

ピスタチオは殻や薄皮などがあれば除き、粗め
に砕く。
マスカルポーネははちみつと混ぜる。
さつまいもは皮ごとよく洗い、くし形に切って
10分ほど水にさらす。

| 作り方 |

1 鍋にさつまいもと水 (分量外) を入れて弱
火にかけ、5分ほど柔らかくなるまでゆ
でる。ザルにあげ、水気を切る。

2 フライパンを中火にかけてバターを入れ、
溶け出したらさつまいもを入れる。全体
にこんがり焼き色がついたらバルサミコ
酢を回し入れて絡める。

3 皿に混ぜ合わせたマスカルポーネとはち
みつ、さつまいもを盛り、ピスタチオを
ふりかける。

Memo
さつまいもの下ゆではレンジで
もよい。

Pairing
白ワイン、スパークリングワイン、
ロゼワイン、オレンジワイン

Pairing

ワイン全般

お酒にも合うバスクチーズケーキ

パルミジャーノレッジャーノを入れて甘さを控えめにすることで、
ワインにぴったりのバスクチーズケーキに。
赤にも白にも、ドライな泡にもよく合います。

| 材料 | 6人分（16cmホール1台分） |

クリームチーズ ――――― 220g

パルミジャーノレッジャーノ
　（すりおろし）――――― 60g

卵 ―――――――――― 2個

生クリーム ――――――― 200ml（1パック）

薄力粉 ―――――――― 20g

甘酒（濃縮タイプ）――― 70g
　（砂糖80gでも代用可）

砂糖 ――――――――― 50g

| 下準備 |

クリームチーズは調理する30分ほど前に
常温に戻しておく。
オーブンは210度に予熱しておく。
パルミジャーノレッジャーノの塊で購入
した場合はすりおろす。

Memo

- 生クリームは乳脂肪分40％以上がお
　すすめ。
- 甘酒がない場合は、砂糖を80gにし
　て甘さを調節する。
- **1**の工程のクリームチーズをなめら
　かにすると、舌触りよくおいしく仕
　上がる。
- オーブンによって火力が異なるので
　調節する。

| 作り方 |

1 クリームチーズをボウルに入れ、泡
　立て器でなめらかになるまで混ぜる。

2 パルミジャーノレッジャーノ、薄力粉、
　甘酒、砂糖を入れ、しっかり混ぜ合
　わせる。

3 溶きほぐした卵を3回にわけて入れ、
　そのつど混ぜ合わせ、生クリームを
　加えて混ぜ合わせる。

4 水で濡らしたクッキングシートをぎ
　ゅっと絞り、ケーキ型に入れ（キレイ
　にカットせずにラフな感じがよい）、液
　を流し入れる。

5 210度に予熱したオーブンで、しっ
　かり表面が黒く焼かれるまで40分ほ
　ど焼く。焼きが足りない場合は温度
　を230度に上げて5分ずつ様子を見
　ながら追加で焼く。粗熱が取れたら
　冷蔵庫で冷やす。

5

Pairing
白ワイン、スパークリングワイン

丸ごとレモンのチーズテリーヌ

丸ごとレモンを使った爽やかな香り漂うチーズテリーヌ。
蒸し焼きにすることでしっとりトロトロ。
混ぜて焼くだけなので誰でも手軽に作ることができます。

| 材料 | 4人分
　　　　　（15cmのパウンドケーキ型1台分）

レモン（できれば無農薬のもの）
　　　　───────── 1個（小サイズ120g）
クリームチーズ ─────── 150g
グラニュー糖 ──────── 50g
　　ヨーグルト（無糖）─ 150g
　　生クリーム ────── 75㎖
A　卵 ────────── 1個
　　コーンスターチ（薄力粉でも可）
　　────────── 15g
粉砂糖 ────────── 適宜
生クリーム ──────── 適宜

| 下準備 |

クリームチーズは常温に戻しておく。
レモンに塩小さじ1（分量外）をすり込み、
流水でよく洗う。
型にクッキングシートを敷く。
卵はといておく。

Memo
- レモンの皮は、内側の白い部分は苦みがあるため、黄色い部分だけすりおろす。
- オーブンで焼く際は、焼き加減に気をつけ、40分を過ぎて表面に強く焼き色がつきそうな場合は、アルミホイルをかぶせる。
- オーブンから出す際、熱湯がこぼれて火傷しないように注意する。
- オーブンによって火力が異なるので調節する。

| 作り方 |

I　レモンは皮をすりおろし、半分に切って果汁を絞る。

2　ボウルにクリームチーズを入れ、泡立て器でなめらかになるまで混ぜる。グラニュー糖を加え、ザラザラがなくなるまでしっかり混ぜる。

3　**I**のレモンの皮と果汁、**A**を入れてよく混ぜ、型に流し入れる。

4　160度に予熱したオーブンの天板にバットをのせ、その中に型をおく。型の高さの半分くらいまで熱湯（分量外）を注ぎ、50分焼く。

5　粗熱が取れたら冷蔵庫で3時間ほど冷やし、型から外してカットし、お好みで粉砂糖をふり、泡立てた生クリームを添える。

4

Profile

えり

Nadia Artist、フードコーディネーター、ワインソムリエ。発酵料理教室「えりの食卓」主宰。「食で人生を豊かに」をテーマに、おいしさの先にある心と体の健康にもこだわったレシピの開発を手がける。無添加の調味料や発酵を意識しながらも、簡単でおいしく、時短にもなるレシピが話題を呼び、インスタグラムのフォロワー数は28万人を超える（2024年2月現在）。

こころもおなかもおいしく満たす
えりの気分があがるおうち飲み
Nadia Collection

2024年4月26日　初版発行
2024年7月10日　再版発行

著者／えり
発行者／山下直久
発行／株式会社KADOKAWA
〒102-8177
東京都千代田区富士見2-13-3
電話0570-002-301（ナビダイヤル）
印刷所　大日本印刷株式会社
製本所　大日本印刷株式会社

●お問い合わせ
https://www.kadokawa.co.jp/
（「お問い合わせ」へお進みください）
※内容によっては、お答えできない場合があります。
※サポートは日本国内のみとさせていただきます。
※Japanese text only

定価はカバーに表示してあります。